Instinto

Thomas L. Harrison

com

Mary H. Frakes

Tradução

Nivaldo Montingelli Jr.

LAROUSSE

Título original:
Instinct: Tapping Your Entrepreneurial DNA to Achieve Your Business Goals

Edição original publicada por Warner Books, Nova York, NY, EUA.

DIREÇÃO EDITORIAL Soraia Luana Reis
EDITOR ASSISTENTE Isney Savoy
ASSISTÊNCIA EDITORIAL Leila Toriyama
COORDENAÇÃO/EDIÇÃO Valentina Nunes
REVISÃO Agnaldo Alves de Oliveira e Caio Nehring
DIAGRAMAÇÃO E PROJETO GRÁFICO Pólen Editorial
CAPA Sart/Dreamaker Brand & Design
GERENTE DE PRODUÇÃO Fernando Borsetti

Dados Internacionais de Catalogação na Publicação (CIP)
(Câmara Brasileira do Livro, SP, Brasil)

Harrison, Thomas L.
Instinto / Thomas L. Harrison com Mary H. Frakes ; tradução Nivaldo Montingelli Jr.. — São Paulo : Larousse do Brasil, 2007.

Título original: Instinct.
ISBN 978-85-7635-193-1

1. Empreendedorismo – Aspectos psicológicos 2. Empresários – Psicologia 3. Insight 4. Resiliência (Traço de personalidade) 5. Sucesso em negócios I. Frakes, Mary H.. II. Título.

07-3562 CDD-658.409

Índices para catálogo sistemático:

1. Aspectos pessoais de administração executiva : 658.409
2. Executivos : Sucesso em negócios 658.409

1ª edição brasileira: 2007

Direitos de edição em língua portuguesa, para o Brasil, adquiridos por
Larousse do Brasil Participações Ltda.
Rua Afonso Brás, 473, 16º andar – São Paulo/SP – CEP 04511-011
Tel. (11) 3044-1515 – Fax (11) 3044-3437
E-mail: info@larousse.com.br
Site: www.larousse.com.br

SUMÁRIO

PREFÁCIO

A premissa deste livro é tentadora. Qualquer um de nós gostaria de se considerar membro de um seleto grupo destinado a vencer na vida, por qualidades inscritas no próprio DNA. O fator biológico, uma vez reconhecido através dos vários exemplos analisados por Thomas L. Harrison, conferiria a alguns de nós a certeza profunda de "dar certo", não importa em que circunstâncias, contribuindo para eliminar inseguranças e medos diante dos maiores desafios.

Provavelmente existem mesmo, como sustenta o autor, valendo-se de muitas pesquisas, características biológicas herdadas que predispõem algumas pessoas, mais que outras, à perseverança, a assumir riscos e a confiar na própria intuição – todos fatores fundamentais para uma carreira empresarial bem-sucedida. O mais importante de *Instinto*, porém, é o fato de Harrison, embora sendo um biólogo, não reduzir suas conclusões a "um destino imutável". Ao contrário, esta é uma obra que ensina caminhos – ou seja, os meios através dos quais cada um poderá "digitar" em seu próprio DNA as letras que faltarem para fazer de si mesmo um vencedor, "corrigindo" o destino.

Minha tia Luiza Trajano Donato, a criadora do Magazine Luiza, deve ter muitas letrinhas bem combinadas em seus genes para formar a palavra "sucesso". Foi graças a elas, talvez, que não só se aventurou a comprar a loja A Cristaleira, na cidade de Franca, como teve a idéia, sem possuir o menor conhecimento de marketing, de realizar um concurso público para rebatizar a casa. Foi assim que nasceu o nome Magazine Luiza, cercado de boas-vindas, em 1957: não escolhido pela própria dona, mas sim pela comunidade que já a conhecia desde mocinha, trabalhando atrás do balcão de outro comércio de Franca, a Casa Higino.

Mas quanto minha tia também precisou se esforçar para a construção do negócio, superando os próprios limites e chegando a ficar doente de tanto trabalhar nos primeiros anos. Lembro-me de alguns detalhes que exigiram dela enorme força de vontade para mudar. Por exemplo, tia Luiza sempre teve pavor de avião. Foi com esforço tremendo que se resignou a voar constantemente entre as lojas quando a rede começou a crescer, dominando a própria natureza para conquistar algo maior. Mesmo que neste exemplo a força de vontade também possa ser considerada uma herança genética, o essencial é que ninguém nasce com todas as ferramentas afiadas para construir a própria realização. Uma grande parte do processo consiste em reconhecer as exigências que se apresentam, as dificuldades e trabalhar para adequar umas às outras.

De minha parte, considero ter herdado muito do DNA de tia Luiza. Tratando-se de nossa família, no entanto, prefiro chamá-lo de DNA "vendedor" e não "vencedor". Se há uma coisa que acompanha os Trajanos há gerações é o amor pelas vendas. Sempre ensinei a meus filhos que quem aprende a vender nunca passa necessidades na vida. Foi pensando assim que tanto minha tia quanto eu, que recebi dela a responsabilidade pela direção do Magazine em 1991, nos empenhamos, em todos os momentos da história da empresa, em transmitir o respeito pela profissão de vendedor a todos os funcionários.

É este orgulho, cultivado e constantemente reforçado, o principal pilar sobre o qual ergueu-se uma grande rede de varejo no país, atualmente com 10 mil funcionários e 350 lojas – 50 delas virtuais – em São Paulo, Minas Gerais, Paraná, Mato Grosso do Sul, Goiás, Santa Catarina e Rio Grande do Sul.

A trajetória que nos permite estimar, para este ano de 2007, um faturamento de R$ 2,8 bilhões não foi feita, no entanto, apenas de intuição. É claro que ela esteve presente em todos os passos e em todas as escolhas. Mas eu mesma, apesar de ter começado a trabalhar no Magazine aos 12 anos, não me fiei somente no instinto e na experiência. Estudei, me formei em Direito e Administração de Empresas e sempre, acima de tudo, procurei trazer para a empresa o que existia de mais avançado em matéria de gestão.

Estivemos entre as organizações pioneiras no país a praticar princípios modernos de administração, a informatizar todas as operações e a apostar firmemente no comércio eletrônico, com lojas virtuais já em 1991. Somos profissionais, nada em nossa empresa é resultado apenas de minha personalidade, da intuição de minha tia ou do trabalho de qualquer pessoa, e sim de equipes. Faz parte da cultura do Magazine estimular todos os empregados a usar a imaginação, inventar atrativos para o público, assumir responsabilidades e perseguir resultados. Nem todos nasceram com estas inclinações, mas todos são capazes de aprender e progredir, reconhecendo as próprias dificuldades. A fortuna biológica é apenas um começo, os meios para a realização pessoal podem vir a nós de várias maneiras. Uma delas, com certeza, é a leitura de *Instinto*.

Luiza Helena Trajano Inácio Rodrigues
Diretora-superintendente do Magazine Luiza

INTRODUÇÃO

Em 1987, Victoria Chacon deixou seu lar no Peru para ir aos Estados Unidos. Aos 27 anos ela estava sozinha; havia deixado seu filho pequeno com a família. Ela não falava inglês e não conhecia ninguém no país, mas conseguiu dois empregos em Atlanta. Trabalhava das 6h às 23h, enquanto estudava o livro *Como aprender inglês em 15 dias*.

Quando uma amiga lhe contou que os empregos disponíveis na Geórgia pagavam muito mais, ela foi até lá. O gerente que a entrevistou perguntou por que daria o emprego a ela. Ela então lhe disse: "Tudo o que peço é uma oportunidade. Deixe-me trabalhar para você por uma semana. Depois disso, você poderá me colocar junto com seu melhor funcionário e eu serei melhor do que ele. E se você ainda não gostar do meu trabalho, não precisará me pagar". Acho que aquilo sensibilizou-o, pois ela conseguiu o emprego.

Meses depois, ela começou a oferecer serviços de limpeza para construtores, além de continuar trabalhando à noite. Hoje Victoria Chacon está explorando uma oportunidade diferente: lançou o *La Visíon*, um jornal bilíngüe com enfoque latino que circula na Geórgia.

Compare agora a história de Victoria com a de um ex-vice-presidente de uma subsidiária de uma empresa financeira global. Depois que a divisão para a qual trabalhava foi fechada, ele tentou desenvolver uma pequena consultoria independente, embora nunca tenha dado a ela plena atenção. Com o dinheiro da indenização chegando ao fim e a empresa de consultoria patinando, ele decidiu voltar a uma posição corporativa. Porém, com mais de 50 anos e depois de ter ficado fora do mercado por algum tempo, sua experiência numa área em rápida mudança está superada e os empregadores sabem que podem achar pessoas mais jovens e dispostas a trabalhar por menos.

O que impede uma pessoa de evoluir e se adaptar às mudanças e faz de outra uma Victoria Chacon, que vai em frente apesar dos obstáculos?

O sucesso é produto de algo em nosso DNA ou de algo que aprendemos? Ou é uma combinação – uma predisposição genética instintiva, que pode despontar em momentos cruciais de nossas vidas? Com o mapeamento do genoma humano, os cientistas começaram a responder essas perguntas.

Instinto revela como as pessoas altamente bem-sucedidas alavancaram traços de personalidade que herdaram e como aprenderam a compensar aqueles de que careciam.

Fui, em várias ocasiões, um executivo de propaganda, um representante de marketing para uma empresa farmacêutica, e agora um executivo corporativo – um *intrapreneur* (um empreendedor interno). Um longo caminho para um rapaz do interior.

Se você pensa que foi desfavorecido na loteria genética, ainda pode ter sucesso, compensando aquilo que você pode não possuir. Este livro apresenta "um mapa" de atitudes e comportamentos que podem ajudálo a tirar proveito da sua base genética e compensar aquilo que lhe falta. Ele ajuda a compreender como ativar seus "genes do sucesso", compensar suas fraquezas e tomar melhores decisões instintivas, o que constitui aquilo que chamo de "DNA do sucesso", que é algo como seu "plano de marketing pessoal".

Usando exemplos da vida real e as mais recentes descobertas a respeito das conexões entre genética, biologia, evolução e psicologia, este livro demonstra como o sucesso na carreira, nos negócios e na vida muitas vezes depende de usar os próprios instintos para evoluir e adaptar-se a circunstâncias que mudam constantemente.

CAPÍTULO 1

Inventário genético

Kay Koplovitz é conhecida por ser a primeira mulher a dirigir uma rede de televisão. Quando ela tinha três anos de idade, implorou para acompanhar sua irmã mais velha ao jardim-de-infância. "Eu sei o caminho; posso chegar lá", teria dito à mãe. E assim, completamente segura, foi sozinha até a escola, onde as professoras mandaram-na de volta para casa, embora ela retornasse várias vezes.

Mais tarde, essa mesma espécie de determinação levou Koplovitz a estar à frente do seu tempo ao fundar a USA Network. Koplovitz não tinha um histórico tradicional para se tornar uma líder corporativa, pois estudara ciências na faculdade. Mas mesmo sem ter estudado administração, ela tinha uma "crença de empreendedora" em sua capacidade própria de fazer sucesso.

A personalidade é determinada por muitos fatores, mas os cientistas estão começando a descobrir que uma parte dela nasce com a pessoa. Hoje os cientistas acreditam que cerca de 50% das diferenças em nossas personalidades são herdadas.

Depois de trabalhar por anos com muitos empreendedores e pensadores empresariais, passei a acreditar que a combinação herdada de traços de personalidade, única para cada ser humano, é a base para o seu sucesso ou insucesso.

O DNA do sucesso é realmente um DNA particular de sucesso. A compreensão disso pode ser útil para as pessoas tomarem melhores decisões em sua carreira. O DNA do sucesso é importante para quem deseja ser um empreendedor. Todo empreendimento começa com uma oportunidade, uma pessoa e uma idéia. A menos que a pessoa não tenha o DNA empreendedor, é provável que a idéia não vá muito longe.

Nascer ou se fazer empreendedor?

Há algumas evidências de que o pensamento empreendedor tende a ocorrer em famílias, já que em alguns casos, famílias de fato produzem safras inteiras de empreendedores. Vejo isso na minha própria história familiar.

Estudos revelam que ter pelo menos um genitor autônomo aumenta as chances de a pessoa vir a ser autônoma. São os genes em funcionamento? Ou trata-se simplesmente de um caso de exemplo a seguir?

Ser exposto a um ambiente empreendedor é importante, mas a verdade é que algumas habilidades empreendedoras precisam ser aprendidas. Ninguém nasce sabendo como elaborar um bom plano de negócio, obter financiamento, lidar com a miríade de tarefas envolvidas com a operação de uma nova empresa. Porém, o ambiente não explica tudo.

Tenho visto pessoas ansiosas entrarem em meu escritório com algo que parece ser uma boa idéia. Elas podem ter uma boa proposta, podem ser muito mais espertas do que eu, mas aquelas que finalmente obtêm sucesso parecem ter algo a mais – algo que vai além de esperteza, de uma idéia e de estar disposto a trabalhar duro.

De onde vem isso? Para começar a pensar nessa pergunta, é útil distinguir *comportamento* empreendedor e *personalidade* empreendedora.

Meu pai dirigia uma mercearia de bairro: isso é comportamento empreendedor. As pessoas que exibem comportamento empreendedor podem ou não ter sucesso e esse comportamento não é necessariamente transmitido. O espírito empreendedor pode ser expresso de várias maneiras que nada têm a ver com iniciar uma empresa.

Atacar instintivamente as oportunidades, perseguir uma visão, ser capaz de persuadir outras pessoas do valor de sua idéia: essas são algumas das marcas de como um empreendedor pensa.

Pesquisas científicas estão começando a confirmar aquilo de que suspeitei por muito tempo, com base em minha experiência: nem tudo é comportamento aprendido. Na década de 1950, muitos cientistas pensavam que éramos simplesmente um produto de nossos ambientes. Porém, há cada vez mais evidências de que alguns aspectos da personalidade são em parte genéticos.

Não deve constituir uma grande surpresa o fato de os genes desempenharem um grande papel em nossas personalidades. Afinal, o código genético básico que compartilhamos controla tudo, da cor dos olhos ao risco de desenvolvermos determinadas doenças. Faz sentido que essas instruções genéticas também possam afetar a maneira pela qual cada cérebro absorve e reage àquilo que acontece à sua volta.

Ciência e personalidade empreendedora

Para entender como o espírito empreendedor pode ser herdado, basta pensar como os genes nos afetam: os genes contêm a receita para a maneira de cada célula se desenvolver. Cada célula tem, assim, uma cópia de todas essas informações necessárias para produzir um ser vivo. Foi por isso que a ovelha Dolly pôde ser clonada a partir de uma única célula.

Os genes humanos, que é o que nos interessa aqui, não afetam apenas a cor dos cabelos, a altura ou se a pessoa será careca. Fica mais claro a cada dia também o papel dos genes em elevar o risco de doenças como câncer, diabetes e disfunções cardíacas, entre outras.

É fácil ver que os genes influenciam problemas e traços físicos. Porém, os cientistas estão agora descobrindo que nossos genes também afetam nosso comportamento. O sucesso do Projeto do Genoma Humano possibilitou aos cientistas começar a relacionar o que acontece em nossas células com o que acontece em nossos cérebros. Eles já encontraram, por exemplo, ligações entre genes e maior risco de alcoolismo, esquizofrenia, transtorno bipolar, obesidade, depressão – e até mesmo com o hábito de fumar.

Alguns cientistas acreditam que é porque os genes dirigem a

maneira pela qual os cérebros se desenvolvem, antes e depois de nascermos. Os genes podem programar algumas pessoas, para que desenvolvam mais circuitos do que outras em certas partes de seus cérebros.

Qualquer que seja o processo, o ponto mais importante é este: nossa compreensão de como os genes são importantes e de como eles moldam nosso comportamento no dia-a-dia está apenas começando. Com a decodificação do genoma humano, esses segredos aos poucos vêm sendo desvendados.

Genes e personalidade

Ouvi há algum tempo uma história que me fez lembrar o mistério da genética. Um homem observava seu filho de quatro anos, quando alguma coisa pareceu-lhe estranhamente familiar. De repente, ele se deu conta de que os movimentos do filho eram os mesmos que ele próprio havia observado em seu pai. Mas como o avô do garoto havia morrido 30 anos antes dele nascer, não havia como ele ter aprendido ou ter sido influenciado pelo avô.

Os cientistas constataram que cerca de 50% das diferenças em nossas personalidades estão ligadas aos nossos genes. As crianças exibem cedo uma personalidade que não pode ser explicada pela educação.

Os pesquisadores da genética comportamental estão descobrindo muito sobre quanto de nossas personalidades podem ser hereditárias. Estudos têm demonstrado, por exemplo, semelhanças impressionantes entre gêmeos separados no nascimento. Há casos em que, mesmo tendo sido criados separados, eles tendem a ter ocupações, sensos de humor, hábitos e opiniões semelhantes.

Cientistas também têm conseguido fazer com que camundongos fiquem mais agressivos eliminando totalmente o funcionamento de um gene. E antes que você diga "sou um ser humano, não um rato", lembre-se de que temos cerca de 98% de genes em comum com os camundongos!

Alguns pesquisadores estão começando a ir além, ao ligar certos aspectos de nossas personalidades a genes específicos. Por exemplo, o anseio por novidades tem sido ligado à versão longa do gene D4DR, embora essa descoberta ainda não esteja totalmente confirmada.

Um estudo recente é particularmente interessante. Comparando comportamento de liderança e características de personalidade em gêmeos, os pesquisadores constataram que os genes respondem por aproximadamente 30% das diferenças. Quase todos os 70% restantes foram contabilizados como "influências ambientais não compartilhadas" – ou seja, em outras palavras, lições de vida, eventos e o impacto de pessoas de fora da família.

Algumas pessoas têm naturalmente inclinação inovadora, hábitos de trabalho, tolerância a riscos e talentos para a resolução de problemas que contribuem para o sucesso nos negócios.

Essas pessoas podem ter adquirido qualificações que salientam essas tendências. Elas também podem ter tido um ambiente que encorajava essas tendências por meio de reforços positivos ou negativos. Mas assim como a trepadeira que sobe em um muro, essas qualificações adquiridas e esse ambiente também tiveram uma base sobre a qual puderam se construir. Contar com essa base não significa que essas pessoas afortunadas estão predestinadas ao sucesso. Significa apenas que elas provavelmente começaram com a ajuda extra de determinadas qualidades que tendem a promover o sucesso.

Quero deixar claro que tudo isso nada tem a ver com inteligência – pelo menos não para mim. A inteligência é mais afetada do que a personalidade pelo aprendizado e por influências ambientais. Além disso, inteligência não é o mesmo que "genes do sucesso". Estou falando dos traços de personalidade que dão a uma pessoa uma vantagem para realizar aquilo que ela quer.

O ponto de partida

Será que faz sentido, então, entender e usar o próprio histórico genético para aumentar as probabilidades de ter mais sucesso? Se você nasceu com predisposição para ser analítico, extrovertido ou emotivo, eu diria que é melhor tirar proveito dessas forças naturais em vez de tentar se encaixar em um molde que irá forçar você a lutar contra aquilo que você é.

Aqui estão cinco aspectos amplos de nossas personalidades que os cientistas dizem ser altamente hereditários – lembrando que cada pessoa tem uma combinação única desses traços.

Os termos usados pelos pesquisadores para descrevê-los a partir de 1957 variam: são os "Cinco Grandes", o "Modelo de Cinco Fatores" e assim por diante. Eles constituem a base para muitas pesquisas científicas, assim como para testes de personalidade freqüentemente aplicados pelos departamentos de recursos humanos (RH). Eles também inspiraram o Teste de Personalidade Empreendedora deste capítulo (ver pág. 21).

Esses traços não atuam como uma espécie de interruptor "liga-desliga". Personalidade não é algo que "você tem ou não tem". De cada traço, você pode ter muito, pouco ou estar no meio. Cada um dos Cinco Grandes Traços também tem múltiplos aspectos e você também pode possuir mais ou menos de cada um deles.

Esses traços e subtraços se combinam em cada pessoa de maneira única. Mesmo sem nenhuma influência ambiental, o número de combinações possíveis é enorme. E quando se considera a maneira pela qual o ambiente afeta essas qualidades genéticas, é fácil ver por que cada pessoa é única.

Os Cinco Grandes Traços

O Cinco Grandes Traços são lembrados pela sua sigla OCEAN, criada por Paul Costa e Robert McCrae, pesquisadores do *National Institute on Aging*.

Primeiro traço: abertura para experiências

Mede até que ponto a pessoa é receptiva a novas experiências e idéias. É provável que uma pessoa que prefere comprar um carro novo a cada dois anos em vez de ficar com o velho e viajar a lugares novos em vez de visitar os mesmos lugares todos os anos seja altamente "aberta a experiências". Inovadores, pesquisadores, empreendedores e até mesmo alguns profissionais de marketing tendem a ter pontuações altas neste item (alguns pesquisadores de personalidade chamam isso de "intelecto").

Baixa abertura está associada a...	**Alta abertura está associada a...**
Estar focado no aqui e agora	Ser imaginativo e criativo
Preferir o rotineiro e familiar	Preferir variedade e novidade
Ter poucos interesses	Ter muitos interesses
Preferir o convencional	Preferir originalidade
Desconfiar da emoção	Valorizar a emoção
Ser dogmático	Ser flexível

Segundo traço: consciência

Mede a motivação da pessoa e sua abordagem deliberada para a conclusão de tarefas. Ser disciplinada, organizada, metódica, confiável e persistente são marcos de uma pessoa altamente "consciente". É provável que a profissão de contador esteja cheia de pessoas altamente "conscientes". (Só para lembrar, em termos psicológicos, consciência não é o mesmo que ética.)

Baixa consciência está associada a ser...	**Alta consciência está associada a ser...**
Espontâneo	Metódico
Desorganizado	Organizado
Atrasado	Pontual
Irresponsável	Cumpridor dos deveres
Não metódico	Autodisciplinado
Sem ambição	Motivado para realizar
Uma pessoa que adia ou	Persistente
abandona as tarefas rapidamente	Confiável

Terceiro traço: extroversão

Mede até que ponto a pessoa é atraída para atividades e pessoas. Se alguém que você conhece está sempre ativo, gosta de festas, gosta de dominar a conversação e busca aventuras, é possível que essa pessoa seja altamente "extrovertida" (os vendedores são exemplos clássicos).

Baixa extroversão está associada a...	Alta extroversão está associada a...
Ser um solitário	Preferir grupos
Ter baixa probabilidade de contatar outras pessoas	Ser expansivo
Ser uma pessoa muito fechada	Ser assertivo
Não buscar emoções	Gostar de excitação
Ser menos exuberante	Ser propenso a emoções positivas
Preferir um ritmo relaxado	Ter alto nível de energia
Passividade	Gostar de dominar

Quarto traço: afabilidade

Mede a capacidade e o desejo de cooperar com os outros e evitar confrontos. Uma pessoa que se sacrifica, tende a respeitar a autoridade, confia nas outras pessoas e detesta discutir é, provavelmente, muito "afável" (assistentes administrativos não poderiam fazer seu trabalho sem ter alto grau de "afabilidade").

Baixa afabilidade está associada a ser...	Alta afabilidade está associada a ser...
Cético	Confiante
Ter senso de superioridade	Modesto
Reservado	Dócil
Arrogante	Defensor da autoridade
Não-cooperativo	Cooperativo
Objetivo e cruel	Altruísta e coração-mole
Agressivo	Avesso a confrontos
Competittivo	Auto-indulgente

Quinto traço: neurose

Mede a capacidade de uma pessoa apresentar estabilidade emocional ou controle emocional, o que é difícil para quem tem tendência a sentimentos negativos, como depressão, ansiedade e hostilidade. Ser pessimista, derrotista e ansioso costumam ser característica próprias de pessoas com alto grau de "Neurose".

Baixa neurose está associada a ser...	Alta neurose está associada a ser...
Calmo	Suscetível a perturbar-se facilmente
Destemido	Ansioso
Sem emoções	Irritar-se com facilidade
Resistente	Ficar deprimido com facilidade
Controlado sob tensão	Vulnerável sob tensão
Resistente a tentações imediatas	Impulsivo
Descontraído	Nervoso em situações sociais

Depois dos 30 anos, todos esses traços tendem a permanecer relativamente estáveis. O comportamento pode mudar ao longo dos anos, à medida que se adquire qualificações e se comete erros, mas esses aspectos da personalidade tendem a influenciar perspectivas e reações em relação ao mundo.

Levar em conta as forças genéticas de um indivíduo não significa discriminar. Os pesquisadores têm demonstrado que os "Cinco Grandes Traços" funcionam por meio de linhas culturais, raciais e sexuais. A compreensão desses traços é importante para ajudar a gerenciar pessoas de vários tipos de personalidade, a identificar funcionários que precisam de ajuda extra em áreas específicas ou que têm probabilidade de se adaptar e evoluir em determinados papéis. Esse conhecimento pode ajudar a entender como cada um pode, inclusive, gerenciar a si mesmo.

"Mas não sou como minha família!"

Mas se os genes são tão importantes, por que uma pessoa às vezes é tão diferente do resto de sua família? As razões para essas diferenças encontram-se nos seguintes motivos:

Os genes podem ser recessivos. Com freqüência os traços físicos pulam uma geração. É lógico supor que o mesmo acontece com os traços de personalidade.

Os genes não atuam no vácuo. A maneira pela qual um gene funciona pode ser afetada por quando e como suas instruções são ligadas e executadas. O ambiente em que alguém cresce pode ser muito diferente daquele em que o próprio pai cresceu. Mesmo que suas personalidades fossem idênticas, cada um aprendeu coisas diferentes e seus genes irão se expressar também de maneiras diferentes.

Genes não são fotocópias. Cada pessoa é uma mistura de dois conjuntos de genes: os da mãe e os do pai. Cada um deles herda uma combinação de genes dos pais deles, que por sua vez os herdaram de seus pais. Não é preciso ser um gênio da matemática para ver que o número de combinações possíveis entre esses genes, até na mesma família, é enorme.

Os genes afetam seu ambiente, e vice-versa. Se os genes dão a alguém uma personalidade ligeiramente diferente da de um irmão ou irmã, é certo que essa pessoa pode reagir e se comportar de maneiras diferentes em seu meio ambiente. Esse comportamento, por sua vez, levará as pessoas próximas – inclusive os próprios pais – a tratar cada filho de maneira diferente, por mais que procurem ser imparciais. Tratamentos diferentes podem reforçar diferenças nas personalidades dos irmãos.

Os genes podem se comportar de maneiras diferentes, independentemente de virem do pai ou da mãe. Pesquisas com camundongos mostram que certos genes, denominados genes "marcados", funcionam somente se forem herdados do pai; outros só funcionam se vierem da mãe. Os genes marcados maternos parecem influenciar as partes do cérebro que lidam com o pensamento; os genes paternos têm mais impacto sobre o desenvolvimento das partes emocionais do cérebro.

Inventário genético

Para saber onde se encontrar em cada um dos "Cinco Grandes Traços" de personalidade, o teste a seguir ajuda a ter idéia de quais forças e fraquezas podem ter sido influenciadas pelos próprios genes. Também pode mostrar as áreas que necessitam de suplementação, seja através da experiência, seja encontrando outras maneiras para obter aquilo de que se precisa. Não há respostas certas ou erradas, o que conta é a combinação individual de traços e a maneira pela qual cada um os desenvolve, usa e aplica. Esse teste não é um exame psicológico formal, ele pretende apenas dar idéia geral do próprio ponto de partida genético.

Teste de Personalidade Empreendedora

Procure responder às perguntas abaixo marcando A ou B, em uma folha à parte. Em seguida, some o número de marcas em cada coluna.

SEÇÃO I	**A**	**B**
Você gosta mais de (a) lidar com a vida real, situações concretas como fechar acordos, conquistar novos clientes e rever dados. Ou (b) imaginar produtos que ainda não existem e devanear a respeito de como poderia desenvolvê-los.		
Você (a) não se deixa absorver muito pela beleza natural ou artística; você se relaciona mais a pessoas, coisas e informações. Ou (b) reage fortemente à beleza e costuma encontrá-la onde os outros não o fazem, seja nas artes ou na natureza.		
Em geral, você (a) certifica-se de impedir que suas emoções afetem suas decisões de negócios. Ou (b) é muito consciente de como seu comportamento e suas decisões são influenciadas por aquilo que sente.		
Quando na busca de uma meta você atinge um obstáculo, é mais provável que diga a si mesmo (a) "Se eu me ativer ao meu jogo e perseverar, chegarei lá". Ou (b) "Talvez haja outra maneira para atingir minha meta; além disso, será que eu não deveria tentar algo de novo?".		
Quando a conversa numa reunião de negócios passa para idéias abstratas como filosofia ou estética, você (a) muda de assunto, pois não gosta de debates irrelevantes. Ou (b) interessa-se em ouvir várias idéias e opiniões e talvez até participe da conversa?		
Que conceito tem mais apelo para você: (a) "Uma tradição de excelência". Ou (b) "Pense diferente"?		
TOTAL PARA A SEÇÃO I		

Seção I: abertura para experiências

Este aspecto da personalidade mede o quanto você é receptivo a novas experiências e idéias. Se teve muitos (a) nesta seção, é provável que você tenda a focar o aqui e agora, o concreto, a norma. Você se sente melhor com a tradição, a rotina, o familiar, do que questionando o *status quo*. Pode não gostar de ambigüidade e preferir poucos interesses bem definidos.

Você costuma ficar impaciente com coisas que considera de pouca utilidade ou de pouca ligação com o mundo real. Ter um baixo grau de "abertura" pode ser útil para fazer cumprir regulamentos ou para focalizar metas bem definidas e específicas, como vendas.

Caso tenha tido muitos (b), você tende a pensar de forma criativa, a tentar coisas novas e ter muitos interesses diferentes. De modo geral, você é intelectualmente curioso, consciente das suas emoções e aberto ao reexame de idéias e crenças.

Uma pontuação alta aqui pode ser importante para reconhecer novas oportunidades e formas alternativas de fazer coisas. Muitas personalidades empreendedoras, em especial aquelas que iniciam suas próprias empresas, exibem um alto grau de "abertura".

SEÇÃO II	**A**	**B**
Que frase tem sido mais aplicável em sua carreira? (a) "Se posso acreditar nisso, então posso realizar". Ou (b) "As únicas vitórias dignas de crédito são provavelmente as temporárias e parciais".		
Se você tivesse que reorganizar sua agenda diária, você (a) seria excelente, pois é muito organizado a respeito de quase tudo. Ou (b) perderia ou chegaria atrasado a muitas reuniões.		
Se fosse forçado a romper uma promessa feita para seu melhor amigo, você teria maior probabilidade de dizer a si mesmo (a) "Acharei uma maneira de manter a promessa, ou irei compensá-lo de alguma forma". Ou (b) "Bem, somos bons amigos; ele irá entender".		
Aquilo que você realiza na vida define quem você é: (a) Concordo. Ou (b) Discordo		
Que declaração melhor descreve o que você faz quando recebe uma tarefa da qual não gosta?: (a) Quanto mais cedo eu me livrar disso, mais cedo não terei de pensar a respeito". Ou (b) "Sei que terei de fazer isso em algum momento – mas não agora".		
Quando usa sua intuição para tomar uma decisão, você (a) somente a toma depois de pensar a respeito de todos os aspectos. Ou (b) confia em sua reação instintiva inicial, a qual normalmente mostra ser a certa.		
TOTAL PARA A SEÇÃO II		

Seção II: consciência

A "consciência" examina sua capacidade para controlar impulsos e de se planejar para atingir suas metas. Se teve mais (a), é provável que tenha um senso da sua capacidade para realizar coisas e controlar seu próprio destino. Suas obrigações para com os outros são importantes para você. Você provavelmente é considerado confiável, persistente, prudente e tende a agir e/ou pensar de maneira organizada e metódica.

Se for extremamente alto em "consciência", você poderá até ser um perfeccionista e *workaholic*. Finalmente, você pode ter um alto desejo de realização e reconhecimento. Uma alta pontuação em "consciência" indica aptidão para levar a cabo uma idéia empreendedora.

Se teve maioria de (b) nesta seção, você tende a agir baseado em seus impulsos, às vezes sem pensar muito. As pessoas podem vê-lo como espontâneo, flexível e um "espírito livre"; também podem vê-lo como inconstante, dispersivo e não confiável. Você pode ter metas de longo prazo, mas ser descontraído ou mesmo indiferente a respeito de persegui-las ou realizá-las. Também pode ser facilmente desviado por uma nova meta ou meta diferente, ou adiar os passos necessários para atingi-la. Os empreendedores baixos em "consciência" precisarão achar maneiras para adquirir algum controle dos impulsos, foco, planejamento e organização.

SEÇÃO III	**A**	**B**
Quando conhece pessoas de cuja companhia você gosta, é mais provável que (a) convide-as para sua casa para um compromisso social. Ou (b) espera que indiquem interesse em se reunirem.		
Depois de comparecer a uma festa com muitas outras pessoas, você tem maior probabilidade de sentir-se (a) animado, talvez até triste por deixar a festa. Ou (b) cansado e pronto para passar algum tempo sozinho?		
Quando uma reunião, com a qual você está envolvido, mas da qual não é responsável, parece estar sendo ineficaz. Você então (a) tenta assumir o controle e focalizar a discussão. Ou (b) espera para ver se ela se torna mais produtiva e se surge alguma coisa de valor.		
Nas férias, você prefere passar mais tempo (a) indo ao máximo possível de lugares. Ou (b) descansando e lendo?		
Se você fosse um carro, preferiria ser (a) uma Ferrari moderna correndo de Paris a Dacar. Ou (b) um Bugatti clássico, cuidadosamente cuidado por seu proprietário?		
As pessoas comentam com freqüência sobre sua habilidade para criar uma atmosfera de alegria e animação: (a) Verdade. Ou (b) Mentira?		
TOTAL PARA A SEÇÃO III		

Seção III: extroversão

A "extroversão" mede até que ponto você se sente à vontade buscando ativamente se conectar com outras pessoas. Se obteve aqui maioria de (a), você gosta de se relacionar e conversar com outras pessoas. Elas o vêem como assertivo, enérgico e animado; você pode ate ser considerado a "alma da festa". Você gosta de estar ocupado e fica inquieto quando não está. Em geral, você provavelmente pensa a seu próprio respeito que é uma pessoa feliz grande parte do tempo. Você tende a preferir animação e estímulo a paz e silêncio. A extroversão pode constituir um ativo para o empreendedor que precisa vender constantemente seu produto.

Se teve maioria de (b), é provável que tenda a ser reservado e quieto. Isso não significa que não goste das pessoas ou seja anti-social. Você simplesmente não precisa de tanto estímulo quanto um "extrovertido", e é menos provável que o busque por iniciativa própria, apesar de poder gostar se alguém o fizer.

Você tem menos dificuldade que os outros para estar sozinho e menor necessidade de dominar uma conversa. Em ocasiões sociais, você prefere grupos menores. As pessoas podem considerá-lo algo reservado. Os empreendedores com baixa pontuação em "extroversão" precisam se certificar de que sua reserva ou falta de exuberância não seja interpretada como hostilidade ou arrogância.

SEÇÃO IV	**A**	**B**
Quando trabalha com um novo cliente, você tende a (a) ir em frente e iniciar o trabalho baseado num aperto de mão. Ou (b) só começar depois que todos os contratos foram finalizados e assinados?		
Se você tiver que remarcar uma reunião com um cliente porque surgiu uma coisa mais importante, será mais provável que você (a) seja sincero sobre o motivo do cancelamento. Ou (b) dê ao cliente uma razão lisonjeira, mesmo que ela seja somente em parte verdadeira?		
Quando colegas vêm até você com um problema que eles não provocaram, é mais provável que você (a) goste de fazer o possível para ajudar, dizendo "Estamos todos no mesmo barco". Ou (b) ajuda, mas sente secretamente que eles deveriam ser capazes de resolver seus próprios problemas?		
Se um grupo de colegas insistir em seguir um plano que, para você, irá criar problemas, você (a) mostrará os problemas, mas diz antecipadamente que irá fazer o que a maioria quiser. Ou (b) lutará por sua idéia, mesmo que isso signifique um confronto sério?		
Quando você tem sucesso em alguma coisa, é principalmente porque (a) você teve muita ajuda de outros, boas oportunidades e um pouco de sorte. Ou (b) você se esforçou mais e foi mais esperto que muitas outras pessoas.		
Quando você observa um apresentador tropeçar com o duro questionamento do público, você mentalmente (a) simpatiza com a pessoa. Ou (b) critica-a por estar mal preparada?		
TOTAL PARA A SEÇÃO IV		

Seção IV: afabilidade

A "afabilidade" está ligada à sua capacidade para cooperar com outras pessoas. Se você teve aqui maioria de (a), é provável que relações harmoniosas e entender-se bem com os outros sejam altas prioridades para você.

Uma alta pontuação aqui significa que você é extremamente apreciado – um traço valioso. Porém, ser afável em excesso pode ser, para um empreendedor, tão problemático quanto não ser afável o suficiente. O excesso de "afabilidade" pode impedir que um empreendedor desafie a opinião pública para perseguir uma visão, ou tome decisões difíceis, em especial se elas envolvem confronto ou conflito.

Se você teve maioria de (b), poderá ter dificuldades com concessões e para se entender com os outros. Você pode suspeitar com freqüência dos motivos e atos de outras pessoas, e elas podem, por sua vez, vê-lo como não cooperativo e egoísta. Você poderá se ouvir dizendo: "Negócios não constituem um concurso de popularidade". Obter baixa pontuação em "afabilidade" pode ajudar o empreendedor a lutar por uma idéia impopular ou a fazer ligações difíceis, mas também pode impedi-lo de ver formas para chegar ao consenso e à colaboração.

SEÇÃO V	**A**	**B**
Quando toma uma decisão, você tende a (a) tomá-la depressa e ir em frente. Ou (b) preocupa-se muito com o cenário e se prepara para enfrentar as conseqüências.		
Se você perdeu uma concorrência e descobriu que o cliente havia passado ao vencedor informações privilegiadas não fornecidas à sua empresa, é mais provável que você se sinta (a) satisfeito por não ter negócios com um cliente desonesto. Ou (b) irritado e ressentido com a injustiça?		
Quando fica deprimido, você tende a (a) livrar-se da depressão tão logo ela surge – o que é raro. Ou (b) fica sem energia, desanimado e tem dificuldades para voltar a ficar motivado.		
Você (a) raramente fica nervoso em situações sociais; em geral, não se preocupa com a impressão que causa nos outros. Ou (b) é muito consciente do que as outras pessoas pensam a seu respeito e de que elas o observam e avaliam constantemente.		
Se você vê alguma coisa de que gosta, mas não sabe se pode pagar por ela, é mais provável que (a) resista à vontade até ter certeza de que a compra não irá afetar outros planos financeiros. Ou (b) vai em frente e compra; depois você verá como pagar por ela.		
Quando está sob tensão, você (a) sente um tipo estranho de clareza e determinação; muitas vezes a pressão faz aflorar o melhor que há em você. Ou (b) luta para combater os sentimentos de pânico, confusão e impotência.		
TOTAL PARA A SEÇÃO V		

Seção V: Neurose

A "neurose" mede até que ponto você reage forte e negativamente às tensões da vida. Se nesta seção você teve muitos (a), suas emoções tendem a permanecer relativamente estáveis; você não tende a ter grandes oscilações de humor. Você pode nem sempre sentir-se satisfeito ou alegre, mas não tende a se deixar dominar se ocasionalmente sentir-se deprimido, ansioso ou irritado. Você tem menos probabilidade que os outros de se preocupar constantemente ou sofrer com seus problemas.

Os empreendedores com baixa pontuação em "neurose" têm a vantagem de não permitirem que os obstáculos os desanimem.

Se você teve maioria de (b), pode ter dificuldade para lidar com o estresse do dia-a-dia, os quais as outras pessoas parecem superar. Você pode ter reações emocionais fortes a pro-

blemas e levar muito tempo para superar mau humor, raiva ou hostilidade. Muitas vezes você se sente ansioso ou deprimido e os outros podem considerá-lo preocupado demais. Emoções negativas freqüentes, fortes e persistentes, além da dificuldade para lidar com elas, podem deixá-lo desanimado.
Um empreendedor com alto grau de "neurose" precisa compreender como esse traço pode afetar a capacidade para persistir na criação ou na perseguição de uma visão.

O significado das respostas

Nenhum desses traços é uma bênção pura. Dependendo da situação, cada um deles, se levado ao extremo, pode ajudar, prejudicar ou simplesmente ser irrelevante para quem pretende ser um empreendedor.

Para compreender como esses traços podem ajudar alguém a ter sucesso, basta pensar no papel de um CEO. Alguns são do tipo que chamo de "CEO construtor". São os sujeitos que têm uma grande idéia, lançam empresas ou divisões, mudam antigos paradigmas e tentam mudar o mundo. É provável que um "CEO construtor" seja alto em "abertura a experiências". E há os "CEOs de manutenção". São pessoas cuja força está numa execução brilhante em vez de traçarem novas estratégias, trabalham em empresas estabelecidas em indústrias relativamente estáveis. Seu perfil de personalidade pode ser até mais forte em "consciência" que o de um "CEO construtor".

Há os "CEOs de reformulações", com traços provavelmente mais próximos daqueles do "CEO construtor", uma vez que precisam escolher um novo rumo para a empresa.

Cada um deles pode ter sucesso no momento e no lugar certos – caso haja uma boa combinação de personalidade e oportunidade. Um "CEO de manutenção" numa empresa precisa de um "CEO construtor", senão pode deixar que os concorrentes passem à frente. Um "CEO construtor" pode se envolver tanto com seguir em frente que o negócio central da empresa fica negligenciado. Já um "CEO de reformulação" provavelmente ficaria entediado numa empresa que não exige grandes esforços para ter sucesso.

Outra coisa a ser lembrada é a maneira pela qual o próprio comportamento é afetado, não só por traços individuais, mas pela combinação deles e a maneira pela qual cada ambiente afeta a própria expressão. Por exemplo, digamos que você se sente irritado grande parte do tempo – um componente importante da "neurose". Mas você também é altamente afável, o que poderá levá-lo a não expressar essa irritação porque quer evitar confrontos. Sem uma boa dose de "afabilidade", uma pessoa altamente consciente pode se apegar excessivamente a um sistema rígido e ter dificuldades para acomodar as necessidades de outras pessoas. E, é claro, o comportamento pode ser modificado pela adoção de comportamentos e atitudes mentais específicos; isso se chama aprendizado.

A expressão humana com duas combinações de traços de personalidade parece ser especialmente poderosa.

Abertura/consciência: um bom equilíbrio entre esses dois traços permite que você seja receptivo a novas idéias, mas também seja disciplinado para perseguir uma meta.

Extroversão/afabilidade: o equilíbrio entre estes dois traços lhe dá a energia exigida pelo pensamento empreendedor, mas a compensa com a capacidade de trabalhar com outras pessoas.

Em cada par, um traço ajuda a contrabalançar os problemas em potencial que uma forte dose do outro traço pode criar. É por isso que chamo essas combinações de "pares de poder". Trata-se de elementos de construção do sucesso.

O pensamento empreendedor pode se beneficiar com certos aspectos dessas quatro qualidades. Porém, as pessoas, em sua maioria, não conseguem pontuações igualmente altas em todas elas.

O traço que representa os maiores desafios para pensar como um empreendedor é a "neurose". Caso você seja naturalmente ansioso, poderá ter dificuldade para assumir riscos. Caso se perturbe facilmente e tenha dificuldade para se recuperar dos golpes da vida, para você será mais difícil perseverar diante de obstáculos.

Se sua pontuação for alta em "neurose", você pode estar dizendo a si mesmo neste momento: "Bem, acho que vou desistir; não tem jeito". Continue a ler. Existem hábitos e estruturas que você mesmo pode desenvolver para ajudá-lo a enfrentar desafios que em outras circunstâncias poderiam vencê-lo.

Genes e comportamento

E agora? E se você fez o teste e não gostou dos resultados? Se você fez poucos pontos em "extroversão", isso quer dizer que pode desistir e se esconder para sempre? Nada disso.

Genes não são o destino. Se eles decidissem tudo, você poderia parar de ler este livro agora. Até mesmo pessoas com ótimos genes podem não ter sucesso se não fizerem alguma coisa com aquilo que receberam. E ótimos genes não são garantia de sucesso. Ninguém jamais chegou ao topo anexando um mapa do seu DNA ao currículo. Você precisa saber como usar sua combinação em seu proveito.

A maneira pela qual um gene transmite suas instruções é chamada de "expressão". Um gene só produz um resultado quando é expresso.

CAPÍTULO 2

Como criar dependência em relação ao sucesso

Quando eu era criança, um dos empreendimentos do meu pai foi comprar e dirigir o ônibus escolar local. Todas as crianças de Cascade, em Maryland, nos Estados Unidos, iam para a escola naquele ônibus, inclusive eu.

Minha primeira experiência como empreendedor foi varrer aquele ônibus, desde os dez anos de idade até terminar o segundo grau. Eu recebia 25 centavos de dólar por semana. Naquele tempo era um dinheirão para mim, especialmente naquela parte do país. Toda semana eu guardava aquela moeda em um envelope marrom. Quando fiz quinze anos, comprei meu primeiro carro.

As pessoas pensam que, quando dizemos que algo está "em nossos genes", isso significa que está gravado em pedra. Errado. A maneira pela qual um gene trabalha pode ser alterada por outros genes, pelo momento ou mesmo por fatores externos ou influências ambientais. Eis um exemplo. A temperatura fora de um ovo de crocodilo em incubação é que determina se o animal será macho ou fêmea – e não seus cromossomos. Os machos são criados entre 34° e 36°C, as fêmeas entre 26° e 30°C. Fatores externos afetam a maneira pela qual os genes que controlam o sexo se expressam.

Analogamente, mesmo que você tenha espírito empreendedor em seus genes, ele somente o levará até certo ponto. Você pode até apresentar risco genético de contrair uma doença, mas isso não quer dizer que necessariamente irá contraí-la.

A exposição repetida ao sucesso pode gerar, por exemplo, a mesma espécie de conexões permanentes no cérebro que a de um vício químico, porém mais úteis. Quanto mais tempo você tiver sido um fumante, mais seu cérebro estará "formulado" para ansiar por nicotina. Quanto mais experimentamos o sucesso, mais treinamos nossos cérebros para ansiar por ele, o que nos faz procurar maneiras de criá-lo ou recriá-lo.

Entre a natureza e a cultura

Muitos dos efeitos diretos dos genes são óbvios, como ter cabelos vermelhos ou ter um metro e oitenta de altura. Mas os genes também têm efeitos indiretos, mais difíceis de serem revelados, embora possam ser tão poderosos quanto os efeitos diretos.

Digamos que seus genes lhe deram um belo rosto, capacidade atlética ou o prazer de fazer cálculos. As pessoas provavelmente começaram a tratar você conforme sua aparência, sua capacidade para pular obstáculos ou suas tendências analíticas. Se seus familiares o vêem como "o destacado" ou "o empreendedor" devido a traços de personalidade inatos, é provável que se comportem de maneira diferente em relação a um irmão que é "o tímido".

Os genes também desempenham outro importante papel na criação de experiências precoces para pensar como um empreendedor. Digamos que você tenha uma predisposição genética para buscar novidades. Como isso está em seus genes, você tenderá a buscar situações nas quais prospera em busca de novidades. Iniciativas empreendedoras podem estar entre elas. Isso significa que você tem maior probabilidade em obter experiência em assumir riscos mais precocemente do que uma pessoa que não tem o gene da "busca de novidades". Essa experiência torna você mais confiante e à vontade para assumir ainda mais riscos – e quanto mais você gosta disso, maior a probabilidade de repetir essa sensação.

Empreendedores nascem com determinados traços de personalidade que lhes permitem experimentar o sucesso cedo. E esse sucesso os guia para que se comportem de maneira que sejam bem-sucedidos também quando adultos. O sucesso ajuda a "ligar" seus ativos genéticos e a desenvolver o "vício" pelo sucesso.

Vício pelo sucesso

Algumas pessoas parecem realmente ser "viciadas" em sucesso. Até certo ponto, pode-se dizer que o vício está nos genes da nossa espécie. A evolução desenvolveu o cérebro humano para que as pessoas tomem decisões que dão prazer: se não gostássemos de comida, sexo e de permanecer aquecidos, não teríamos sobrevivido como espécie. Quando uma pessoa tem prazer em fumar, comer chocolate ou beber vinho, seu cérebro libera um produto chamado dopamina. Esse neurotransmissor envia uma mensagem ao sistema nervoso que diz: "Hei, eu gosto disto!". E ela predispõe o sistema límbico, que é a parte do cérebro mais intimamente ligada às emoções, para querer experimentar novamente aquele prazer. Até mesmo ambientes associados a esse prazer podem incrementar essa vontade. Basta pensar em pessoas que deixaram de fumar e que se sentem tentadas a ter recaídas cada vez que estão perto de outros fumantes.

Essas reações químicas podem afetar a capacidade de tomar decisões. Quando uma droga – por exemplo, a nicotina ou a cocaína – faz com que o sistema límbico secrete dopamina demais repetidamente, o cérebro acaba mudando fisicamente. Ele perde a capacidade de produzir dopamina e experimenta prazer por si só, sem o cigarro ou a droga. Ele necessita de mais vinho, mais cigarros ou mais drogas para induzir aquele prazer específico da dopamina. Pior ainda, ele também fica incapaz de gostar de qualquer outra coisa. O cigarro ou a droga "seqüestrou" a capacidade do cérebro de sentir prazer.

Algumas pessoas parecem fazer essa conexão neuroquímica mais facilmente do que outras. Um grupo de pesquisadores constatou que neutralizando um gene em particular, denominado "Homer", eles podiam transformar camundongos em viciados em cocaína. Um estudo com 688 gêmeos constatou que os fumantes com uma variação do gene "Epac" tinham maior probabilidade de se tornarem viciados em nicotina.

É claro que vícios são uma questão complexa e a ciência ainda não se dedicou ao conceito do "vício" pelo sucesso. Mas está claro que os sistemas de algumas pessoas são "programados" para necessitar de sucessos constantes.

Reprogramando o cérebro para vencer

Para muitas pessoas bem-sucedidas, os obstáculos, que elas têm prazer em vencer, parecem acionar todos os seus ativos genéticos, pois fazem com que experimentem o sucesso nas tarefas mais difíceis. É por isso que se viciam nele.

Teste do Vício pelo Sucesso

RESPONDA ÀS PERGUNTAS ABAIXO
Você busca constantemente novos desafios?
Você acredita na sua capacidade de obter o que quiser?
Você gosta do que faz?
Às vezes você diz "Vou mostrar a eles"?
Você fica entediado com a rotina?
Você gosta de testar suas habilidades?

O que realmente consolidou minha crença no conceito de ser viciado em sucesso foi a experiência do "camundongo maratonista". Pesquisadores estavam tentando descobrir por que determinados camundongos pareciam querer correr mais tempo e mais rápido do que os outros. Eles então desenvolveram uma cepa de camundongos com essa predisposição, deixando-os correr durante seis dias.

No sétimo dia eles mantiveram alguns fora da pista e mediram a atividade do gene "Fos", a qual é expressa no cérebro em resposta a estímulos. Os pesquisadores pensavam que veriam mais atividade cerebral nos camundongos que podiam correr tanto quanto quisessem. Para surpresa geral, o nível mais alto de atividade mental ocorreu entre os camundongos maratonistas que foram "impedidos" de correr. Ainda mais interessante foi "onde" surgiu a atividade: nos circuitos cerebrais envolvidos com anseios e recompensas como comida, sexo e drogas. Os padrões se assemelhavam aos de ratos viciados em drogas aos quais eram negados suas doses de cocaína, morfina, álcool ou nicotina.

Assim como aqueles "camundongos maratonistas" parecem ser viciados em correr, os cérebros empreendedores são programados para buscar a próxima oportunidade para dar a si mesmos a "embriaguez do sucesso". Mas você precisa ser exposto ao sucesso para ficar viciado. Os camundongos puderam correr por seis dias, cobrindo distâncias maiores que seus colegas mais lentos. Aqueles seis dias os ajudaram a ficar viciados. Para os verdadeiros empreendedores, não poder enfrentar novos desafios é tão frustrante quanto a privação da corrida para os "camundongos maratonistas".

Penso que o vício pelo sucesso que provém da superação de obstáculos começa a liberar o poder dos traços de personalidade herdados ainda muito cedo. Isso também ajuda a explicar por que os filhos de empreendedores têm maior probabilidade de se tornarem empreendedores. Acho que não é apenas porque eles são expostos cedo à vida de empreendedores. É que eles desenvolvem um vício precoce pelas recompensas psicológicas tão logo superem desafios.

Promotores de sucesso

A criação do vício pelo sucesso requer que se aprenda a "ligar" os ativos genéticos. Há em cada gene uma parte que basicamente diz ao restante dele o que fazer. No jargão científico, ela "promove" a maneira pela qual esse gene é expresso, como ele funciona; é uma espécie de "gene de genes". Esses promotores atuam como um "dimer" numa lâmpada, elevando ou reduzindo a atividade genética. Essa ação pode ser muito poderosa. Vejamos o exemplo de um experimento feito com um tipo de roedor chamado arganaz: ao inserir um promotor específico nos genes de arganazes do campo, os cientistas transformaram roedores promíscuos em parceiros mais seletivos, monógamos e românticos.

Certas atitudes e hábitos fazem o mesmo em relação a nossos traços e habilidades hereditárias. Chamo essas atitudes e hábitos de genes "promotores de sucesso". Como promotores biológicos, eles nos ajudam a tirar proveito dos traços inatos de personalidade empresarial ou a amortecer o efeito daqueles menos vantajosos. Sem eles, nem todo o potencial do mundo pode transformá-lo em um empreendedor de sucesso. Eles alimentam o pensamento empreendedor, eles ajudam a assumir riscos para se alcançar o sucesso, a identificar oportunidades e a tomar decisões melhores.

OS PROMOTORES DE SUCESSOS

- O gene de "tecido cicatricial prematuro"
- O gene de "pintar um quadro"
- O gene do "foco à frente"
- O gene de "ver atrás da esquina"
- O gene da "visita sem hora marcada"
- O gene jogo das toupeiras
- O gene "Pohec"
- O gene do "bom sujeito"

Em biologia, os promotores ajudam a impulsionar a evolução. Eles criam mudanças em grande escala em espécies inteiras a partir de um número relativamente pequeno de genes. O código dos computadores é gerado a partir de dois números: 1 e 0. Tudo depois disso depende de como os 1 e os 0 são combinados. Os genes funcionam de forma semelhante com quatro letras: ACTG. Usando-as, os promotores podem criar um número incrível de variações na maneira como funciona cada um de nossos 20 mil a 30 mil genes.

Como as variações que nos ajudam "sobrevivem", logo são adicionadas e transmitidas e a espécie evolui. Analogamente, os "promotores de sucesso" criam mudanças evolucionárias em um indivíduo:

eles tomam matéria-prima genética e a usam para criar uma pessoa de sucesso.

O gene do "tecido cicatricial prematuro"

Todos nós conhecemos pessoas que foram atingidas pela adversidade e simplesmente "implodiram", como um edifício sendo destruído de dentro para fora. Outras ainda ajeitam de algum modo suas vidas, não ficando em situação realmente miserável, mas sem possibilidade de se tornarem felizes. E há aquelas que parecem ter sucesso contra todas as probabilidades, apesar dos obstáculos aparentemente insuperáveis.

O sucesso inicial para a superação de obstáculos pode servir como um "promotor de sucesso". Tenho um amigo que gosta de caminhar nas montanhas. Ele de fato acredita que, quanto maior o esforço para chegar ao topo, mais se aproveita o visual. Ele tem até uma ótima frase para isso: "é preciso criar tecido cicatricial".

Esse meu amigo passou por várias escolas e, como garoto novo no pedaço, teve de enfrentar muitos valentões, geralmente incitados por outros a bater nele. Até que um dia ele decidiu falar com um deles: "Todo mundo diz que você precisa me surrar, o que você provavelmente pode fazer. Mas se você vai deixar seus amigos o forçarem a fazer isso, por que não o faz agora? Somos só nós dois e resolveremos o assunto – se é que você tem de fazer o que os outros lhe dizem para fazer". E o resultado foi surpreendente: "Não. Ninguém vai dizer o que devo fazer", respondeu o valentão. Assim, na próxima vez que ele foi incentivado a surrar novos garotos, os incentivadores enfrentaram sua ira.

Quando eu o ouvi contar sua história, ficou claro que aquelas experiências da infância haviam servido como "promotores" para estimular um talento inato para compreender como motivar outras pessoas. Muitas pessoas já foram vítimas de valentões, mas quantas entenderam tão cedo a maneira inteligente para impedir que isso acontecesse outra vez?

A história do meu amigo também me faz lembrar de como a oportunidade é importante para o impacto de um promotor sobre um gene. Um promotor controla quando o gene entrega suas instruções e por quanto tempo. O momento também parece ser importante para os "promotores de sucesso".

Experiências precoces com sucesso na superação de obstáculos começam a ensinar uma pessoa a seu próprio respeito. Convocando seus ativos genéticos e ajudando você a saber quais são eles, os promotores podem começar já na infância a programar o seu cérebro para o sucesso.

Praticando o sucesso

Ao contrário dos genes, os promotores de sucesso exigem prática. Talvez você não tenha tido a vantagem inicial de herdar uma boa matéria-prima genética, nem de aprender cedo a respeito da experiência do sucesso. Os promotores de sucessos podem então ajudá-lo a desenvolver estratégias que lhe permitirão trabalhar com aquilo que tem.

CAPÍTULO 3

O desafio de "pintar" o futuro

Em abril de 1975, duas jovens vindas do Vietnã dilacerado pela guerra desceram do avião nos Estados Unidos. Eram elas TiTi Tran e sua irmã, que chegaram ao país sozinhas para tentar uma nova vida. Não tinham emprego, nem conheciam ninguém. Não tinham dinheiro, nem amigos.

TiTi Tran logo conseguiu emprego em tempo integral como programadora de computadores e foi estudar à noite. No íntimo, ela sabia que queria iniciar seu próprio negócio. "Fui à escola para fazer mestrado porque, quando chegasse a CEO, eu sabia que precisaria ter um diploma. Nenhum obstáculo iria me deter, eu sempre soube. Abri mão de muitas coisas. Eu tinha uma tremenda energia. Ao combinar essa energia toda que eu tinha para aprender mais, fazer mais e querer ser alguém, assim nasceu a empreendedora que me tornei".

A TranTech, empresa que ela fundou em 1991, conquistou numerosos prêmios como uma das principais empresas pertencentes a minorias contratadas pelo governo americano. A ex-refugiada, hoje TiTi Tran McNeill, foi eleita "Empreendedora do Ano", pela Ernst & Young. "Nunca na vida houve um momento em que eu pensasse: 'Oh, isto é duro demais, vou desistir e esquecer'", disse ela. "Continuei insistindo e insistindo. Havia e há somente três coisas em minha mente: quero ter sucesso, preciso ter sucesso, terei sucesso".

Genes, ambição e curiosidade

Você pode ser inteligente. Pode ser ambicioso. Mas existe algo que vai além disso. É uma coisa intangível que marca as pessoas que são movidas não só pelo sucesso, mas para ir de um sucesso a outro. É um impulso para fazer mais, querer mais, tentar mais – como o de TiTi Tran McNeill.

É algo que não pode ser explicado pela família, pelo ambiente ou experiência. Parece estar embutido no DNA das pessoas. Muitas sabem, desde pequenas, que são de algum modo diferentes. E as outras reconhecem isso. Penso que essa diferença começa nos genes.

Antes de ousar, é preciso sonhar. Algumas pessoas parecem ser capazes, desde muito novas, de sonhar para si mesmas um futuro melhor e persegui-lo incondicionalmente.

A questão é saber como a adversidade pode "acionar" a determinação para o sucesso em algumas pessoas, enquanto em outras simplesmente faz com que "implodam".

Um estudo recente examinou os históricos criminais de cerca de mil homens nascidos em Dunedin, Nova Zelândia, em famílias com características sócio-econômicas e raciais semelhantes. Alguns deles haviam sofrido abusos quando crianças. Como já seria de esperar, muitos tinham históricos de violência e problemas com a lei. Porém, o estudo também descobriu que alguns, entre os jovens que haviam sofrido abusos, tinham crescido relativamente sem problemas. Os pesquisadores constataram que os adultos respeitadores da lei tinham uma determinada variação do gene "MAO-A", algo que parecia lhes dar alguma proteção contra suas condições. Por outro lado, os homens que também haviam sofrido abusos e tinham uma variação diferente do gene "MAO-A" tinham cometido quatro vezes mais crimes violentos do que aqueles que não o tinham. A conexão levanta a possibilidade de haver uma forma boa do gene "MAO-A", que, nesse caso, ajudaria as crianças a superar suas desvantagens, ao passo que o abuso poderia ajudar a "acionar" uma predisposição genética para o comportamento criminoso.

Outro estudo, envolvendo mais de mil gêmeos de cinco anos criados na pobreza, também vê uma ligação entre genes e capacidade de recuperação. Gêmeos idênticos, que compartilham os mesmos genes, revelaram maior probabilidade de apresentar desempenhos semelhantes em testes comportamentais e de inteligência do que gêmeos fraternos, que não têm os mesmos genes.

Mas a maneira pela qual os pais cuidaram dos filhos também se revelou importante: o calor da mãe e o fato de ela ajudar no desenvolvimento do filho foram cruciais. Um ambiente favorável é vital, mas os genes podem ajudar a explicar por que algumas pessoas parecem sobreviver melhor do que as outras a um ambiente desfavorável.

Se você teve uma pontuação alta em "abertura para experiências", na Seção 1 do "Teste de Personalidade Empreendedora", do Capítulo 1 (ver pág. 21), você conta com uma vantagem inicial, por ser capaz de criar uma visão evolutiva, que poderá ajudar a guiar suas decisões, manter seu foco adiante e torná-lo mais bem-sucedido. Para entender por quê, é preciso se ater ao traço "abertura" dessas pessoas capazes de sonhar grande:

Imaginação. Essa é a capacidade para "sonhar com coisas que nunca existiram e perguntar-se 'por que não?'". Ela permite antever coisas que ainda não existem.

Sintonia com estética. Ligadas à curiosidade intelectual, revelam consciência e apreciação pela estética e pela experiência da beleza, seja artística ou natural. Essa apreciação pode ajudar as pessoas a fazer conexões incomuns, as quais conduzem a idéias mais criativas.

Consciência e expressão de emoções. As pessoas abertas a experiências tendem a estar conscientes de seus processos de pensamento e à vontade em sentir emoções. A maneira de lidar com essas emoções é que pode depender de outros fatores, mas elas não se fecham em seus próprios sentimentos.

Orientação para ação/aventuras. Com freqüência abertura significa buscar experiências – em especial novas – por conta própria, não apenas como um meio para um fim. Essa tendência promove o gosto pelas novidades e o estímulo pelos riscos.

Estímulo com abstrações e idéias. O interesse por idéias e pela atividade intelectual – quer isso signifique conceitos de negócios, provocações cerebrais ou enigmas – pode ajudar na defesa de uma coisa ou no debate de uma questão teórica.

Tendência a questionar os valores e a sabedoria convencionais. Algumas vezes, ter "abertura para experiências" significa alterar regras ou mesmo quebrá-las. Isso deixa a pessoa à vontade com a ambigüidade e com certa confusão, não é preciso dizer as coisas com total clareza.

As vozes da "abertura para experiências"

	Baixa abertura	**Alta abertura**
Imaginação/fantasia	"Você está louco. Mostre-me dados históricos que comprovem isso."	"Aposto que daqui a cinco anos o mercado estará totalmente diferente. Eis como vejo isso..."
Sintonia com estética	"Estética, pseudo-estética. Só preciso de alguma coisa com preços."	"Não sou especialista em folhetos, mas a diagramação está confusa, o logo pequeno demais e as cores estão horríveis."
Orientação para ação/aventura	"Até que ponto isto é seguro?"	"Não sei se irá funcionar, mas de qualquer forma isso vai ser dureza."
Consciência e expressão de emoções	"Nunca me irrito, diabos! Onde está meu antiácido?"	"Estou irritado por não ter conseguido aquela conta. Foi duro perdê-la, mas sei que haverá outras."
Estímulo com abstrações e idéias	"Não venha com uma teoria que promete e não cumpre nada. Tudo que quero são os números."	"Permita-me explicar a idéia que está por trás disto e por que ela fará diferença na sua estratégia."
Tendência a questionar os valores e a sabedoria convencionais	"Apenas siga o Manual de Procedimentos."	"Faça o que for preciso para satisfazer as reais necessidades do cliente."

É fácil perceber por que as pessoas muito abertas a experiências têm vantagem em termos de visão de futuro. Elas não só pensam fora dos padrões, mas às vezes nem sabem que eles existem. Olhar para o futuro, imaginar uma carreira ou um papel que não existe hoje, estar disposto a experimentar coisas novas, ser sensível às reações emocionais, sentir-se à vontade provando que a sabedoria convencional está errada – tudo isso pode ser útil na hora de "pintar" o próprio futuro, ou seja, um quadro que nada tem a ver com o próprio presente.

Como eu já disse, esses aspectos da personalidade são muito influenciados pelos genes, mas não funcionam como um interruptor de luz, isto é, ligado ou desligado. Eles são mais como "dimers" que deslizam para cima ou para baixo, aumentando ou reduzindo o nível de claridade. Cada pessoa está em um ponto de uma escala deslizante entre ter e não ter muita "abertura a experiências". E mesmo que sua pontuação geral seja boa nesse sentido, você pode estar melhor em alguns aspectos e pior em outros.

Promotor de sucessos: o gene que ensina a "pintar" o futuro

As pessoas de sucesso podem ter algo extra em seu DNA, embora não nasçam totalmente desenvolvidas. Empreendedores não costumam aparecer na sala de entregas gritando "sinto o cheiro de uma oportunidade aqui!".

Na verdade, suas carreiras em geral não são muito lineares. Seu progresso pode se assemelhar a uma bola de fliperama pulando de um sucesso para outro: você sabe que ela irá obter alta pontuação, mas não sabe exatamente em que lugares irá bater nem quantos pontos irá marcar em cada um deles.

O que as pessoas de sucesso possuem normalmente é o senso de que querem fazer alguma coisa grande ou pelo menos única. Suas "aberturas para experiências" lhes permitem encontrar a oportunidade certa para viver esse quadro de grandeza.

Ter uma visão de futuro, mesmo que seja de curto prazo, é a base de todos os promotores de sucessos. Ela pode ajudar a "acionar" uma "abertura a experiências" inatas e torná-la útil mantendo-a focalizada naquilo que realmente se quer. Sempre tive metas e ambições fortes, embora elas tenham evoluído de um empreendimento a outro.

Quanto mais alto for seu nível de "abertura" hereditária, mais instintiva será sua forma de ver oportunidades para evoluir na carreira. Gosto de pensar nisso como uma metáfora, como se estivéssemos "pintando a própria carreira", imaginando o futuro a partir do que queremos ser e fazer no mundo. "Pintar" esse quadro para si mesmo e ver-se nele ajuda a visualizar o que é preciso fazer para torná-lo realidade.

O quadro a ser "pintado" precisa ser suficientemente convincente para ajudar a superar os obstáculos que sempre surgem no caminho. Pensar como um empreendedor significa observar a estrada e não o retrovisor. Quando alguém encontra o apelo certo, imediatamente é atraído como se houvesse uma força magnética. Esse é o quadro que você precisa "pintar" de si mesmo – para você. E mais uma vez, ele não precisa ter longo horizonte de tempo, de dez ou vinte anos; precisa, sim, apenas ser um quadro que mantenha você na direção do futuro.

A parte desse processo que costuma causar problemas é a necessidade de adaptar essa visão a si próprio. Não basta criar uma visão do futuro que se deseja. Você pode "pintar" o quadro que quiser, mas se ele não for adequado, você nunca irá alcançar o sucesso.

Se sua imagem de futuro ignorar quem você é – ou se ela for a visão de outra pessoa –, existem duas alternativas: você terá sucesso, mas irá se sentir infeliz; ou chegará a um ponto em que olhará à sua volta e dirá: "O que aconteceu? Por que não fui mais longe?". Entender a si próprio é fundamental para sentir-se à vontade no papel que cada um antevê para si mesmo. Por isso, é importante que você estabeleça sua agenda e estratégia, em vez de deixar que outros façam isso em seu lugar.

Marcadores para o gene de "pintar o futuro"
■ Você sabe por que quer ter sucesso
■ Você pode se antever em um novo papel que exigirá esforço, mas que ainda se alinha com seu DNA
■ Você sabe que os traços de personalidade deixam-no à vontade em cada novo quadro que você "pintar"
■ Você está à vontade com uma carreira não-linear nem tradicional
■ Você adota as mudanças em vez de combatê-las
■ Você sabe se é mais motivado pela busca do prazer ou pela fuga da dor
■ Você busca ativamente novas experiências

Depois que comecei a me imaginar para além do papel de um biólogo celular, iniciei o meu processo de "pintar" quadros para mim mesmo. Cada quadro passou a me mostrar qual poderia ser o próximo passo em minha carreira, por que aquele quadro estava certo para mim e o que eu precisava fazer para viver nele. Não posso dizer que soubesse, como novo representante de um laboratório farmacêutico, que iria me tornar CEO de uma grande empresa. O que eu tinha era uma boa visão de como minhas habilidades poderiam criar os próximos passos de um caminho até o sucesso.

Cada passo da minha evolução de biólogo para a área de vendas, depois para executivo de marketing, para dono de agência e CEO foram todos novos "quadros" que pintei para mim.

Desenvolver visões adequadas e ser capaz de experimentá-las plenamente constitui um importante "promotor de sucesso". Mas se você achar que seu suprimento de "abertura" tende a ficar muito baixo, saiba que existem ações que podem estimular seu pensamento empreendedor. Para "pintar" um quadro de si mesmo que possa guiar seus próximos passos para o futuro, você precisa fazer duas perguntas a si mesmo:

- Por que eu quero tanto aquilo que digo querer?
- Estarei à vontade – de verdade – nesse quadro?

Mesmo que você seja excelente em "abertura", você ainda precisa entender suas respostas para essas perguntas. É provável que elas evoluam com o passar do tempo, em especial se você for uma pessoa que gosta de novidades, intelectualmente curiosa e altamente aberta. Mas é necessário um ponto de partida. A resposta a cada pergunta exige foco no futuro – seja daqui dois ou vinte anos. As respostas devem ser vívidas e claras, para que sua imagem do futuro seja tão real e importante quanto qualquer coisa no passado.

Por que você quer tanto aquilo que diz querer

Não basta querer ter sucesso. Se bastasse, você provavelmente não estaria lendo este livro. Na verdade, não precisaria ler livro nenhum. Bastaria formular seu desejo e, como por um passe de mágica, o sucesso se refletiria em sua conta bancária. E pronto.

Na verdade, você precisa começar respondendo à seguinte pergunta: "O que o sucesso *representa* para mim?". Pergunte a empreendedores de sucesso o que eles, quando crianças, queriam ser quando crescessem, como era a visão deles para quando fossem adultos. Muito poucos dirão "bem, é claro que eu queria ser um empreendedor!".

No meu caso, um de meus grandes motivadores era conseguir ser capaz de proteger minha mulher e tornar a vida dela mais confortável. Lembro-me de ter ouvido, quando era criança, uma conversa entre meus pais a respeito do que iriam me dar no Natal. Todos os meus amigos tinham armas de brinquedo e eu também queria uma. Minha mãe gostaria de comprá-la; meu pai argumentava que não podíamos. Eu cresci querendo não só segurança financeira, mas a capacidade de prover para mim e para as pessoas amadas tudo o que eu pudesse.

Quando eu estava na faculdade, tornou-se ainda mais claro que a segurança financeira era um importante motivador para mim. Como pesquisador, eu tinha uma bolsa de estudos. Para alguém acostumado a ganhar centavos para cortar a grama e limpar o ônibus, aquilo me parecia muito dinheiro. Mas subtraindo o valor do aluguel não sobrava grande coisa, inclusive para alimentação. Minha mulher ia à escola durante o dia e trabalhava à noite em uma lanchonete para ajudar nas contas, mas aquilo era pessoalmente doloroso.

Nós contávamos os centavos. Numa sexta-feira, minha esposa e eu estávamos exaustos e queríamos sair para comer uma pizza. Esvaziamos nossos bolsos no chão da sala e contamos cada moeda encontrada no apartamento para ver se tínhamos o suficiente para pedir não só uma pizza, mas também uma salada. Depois a pergunta passou a ser "poderíamos pedir azeitonas na salada?". Àquela altura, eu disse: "Alguma coisa tem de mudar. Preciso sair daqui". Não parecia justo para nenhum de nós continuar num caminho que significaria perder um tempão para saber se poderíamos pagar pelas azeitonas na salada. Era novamente o dilema dos meus pais com a arma de brinquedo.

Eu estava pronto para "pintar" um novo quadro para mim. Até hoje sou grato à minha esposa por ter me apoiado em minha evolução. Ela deixou claro que, se eu decidisse continuar meus estudos, também me apoiaria. Isso me deixou livre para perseguir qualquer visão que quisesse. Ela entendeu por que eu queria tanto aquilo que dizia querer.

Já a definição de sucesso para meu pai era bem diferente da minha. Ele foi embora de uma fazenda aos dezoito anos só com as roupas. Sua definição de sucesso era ganhar dinheiro suficiente para sua família viver confortavelmente, ajudar os filhos a ter um pouco mais de educação do que ele teve e dinheiro suficiente para que minha mãe não ficasse sem nada caso alguma coisa acontecesse a ele.

A minha definição de sucesso inclui segurança financeira, não apenas para garantir que as necessidades básicas sejam atendidas, mas também para ter acesso a algo mais, como poder tirar boas férias. Meu pai não gastaria seu dinheiro de segurança com férias. Eu queria fazer coisas como jogar golfe, viajar, ter uma casa confortável, dar boa educação a meus filhos, ter mais tempo de lazer do que meu pai teve.

Em certo momento da vida, ele teve três empregos para acelerar sua busca pelo sucesso. Depois que terminei a faculdade, eu não tive três empregos, mas trabalhava muitas horas em um só. Mas eu queria algo mais além daquilo a que chamo de sucesso. Tínhamos em comum o desejo de sucesso e o apetite por riscos.

Dizer que se você tem o DNA chamado paixão você será bem-sucedido não basta. Você precisa ser apaixonado por ele. Se você não tiver a paixão para alcançá-lo, não importa qual seja seu DNA, você não irá alcançá-lo. E se você tiver a paixão, mas não souber qual é seu sonho, também não terá sucesso.

É importante desenvolver uma visão de sucesso principalmente porque no mundo atual o tapete é continuamente puxado, em todas as profissões. A definição pessoal de sucesso dá uma meta às pessoas, mas é preciso descobrir como alcançá-lo. Sonho, paixão e DNA para a busca do sucesso devem estar alinhados em perfeita sincronia.

Motivadores para a condição de empreendedor

Você pode ter todas as necessidades abaixo – ou apenas uma delas. Qualquer que seja o caso, você precisa se certificar de que entende a importância relativa de cada uma delas. Essas classificações podem mudar com passar do tempo, mas isso não é tão importante quanto tê-las como base para criar sua visão.

- Liberdade para explorar
- Segurança financeira
- Estilo de vida de que gosta
- Poder ou influência sobre outras pessoas e eventos
- Desejo de ter controle sobre o próprio destino
- Criatividade
- Estímulo e distância do tédio

Sua visão deve estar ligada às suas emoções, àquilo que deseja e de que necessita. Sem essa conexão emocional, a visão de futuro não irá movimentar suas ações. Qualquer tipo de empreendimento possui obstáculos. Sua mente pode até levar você a superar esses obstáculos, mas é seu coração que irá fazer você querer superá-los – e não descansar até conseguir.

Essa visão não é estática, e por isso você precisa redefini-la constantemente. Não pergunte o que é o sucesso como fim. Pergunte: "O que é o sucesso em meu papel atual?". Desafie-se a pensar a respeito do próximo passo. Você precisa buscar constantemente seu próximo sucesso. Pergunte-se: "Quando eu alcançar o sucesso nisto que estou fazendo, o que haverá depois para mim?". Você pode não saber necessariamente para onde esse sucesso irá lhe conduzir. Porém, você deverá estar consciente dos "quadros que pintou" para si mesmo, quais estarão disponíveis e quais parecerão mais atrativos.

Quando você se vê em seu próprio "quadro"

Testes para comparar duas amostras de DNA exigem que os cientistas sobreponham um diagrama transparente de cada um dos vinte e três cromossomos da primeira amostra sobre um diagrama dos vinte e três cromossomos da segunda amostra.

Caso os dois padrões se alinhem, eles são compatíveis. Analogamente, você precisa sobrepor o DNA da sua visão – ou seja, de tudo o que imaginou que seria necessário para você se ver nesse quadro – com seu próprio DNA. As exigências da carreira que você sobrepõe aos seus próprios traços de personalidade precisam estar alinhadas com aquilo que você é.

"Pintar" um quadro do que você quer não é suficiente. Você precisa testar mentalmente esse quadro, para ver se se sente à vontade nele. Você não irá querer pintar um quadro ao estilo de Picasso se o seu estilo for mais parecido com o de Renoir. O DNA da sua visão e o DNA da sua personalidade precisam ser compatíveis.

Foi assim que começou minha evolução, passando de cientista de pesquisa para CEO. Quando eu estava na faculdade no início da década de 1970, o impacto da dupla-hélice, a base da biologia celular e molecular, estava se tornando cada vez mais claro e o campo parecia oferecer possibilidades intelectuais quase ilimitadas para um cientista recém-formado. A cada dia produziam-se novas descobertas em genética e medicina. Meu trabalho era fascinante. Mas estava claro que a pesquisa científica era um processo lento e árduo; até mesmo avanços menores levam anos. E eu estava ficando cansado de escarafunchar os bolsos em busca de dinheiro para uma pizza e de ver minha esposa chegando exausta às duas da manhã, com cheiro de fritura.

Eu estava terminando o mestrado quando meu orientador um dia me chamou de lado. Ele disse que eu não era um cientista de laboratório típico. "Tom, estive observando você. Vejo como as pessoas vêm e gravitam à sua volta. Você possui talentos para tratar com pessoas, algo que a maioria dos pesquisadores não tem. Você deveria pensar em sair daqui e usá-los. Eles podem ajudá-lo a ganhar mais dinheiro do que você jamais irá ganhar num laboratório". Ele sugeriu que eu poderia ser mais feliz numa carreira em que tirasse proveito da minha personalidade inata, na qual trabalharia mais perto de pessoas do que de ratos. Comecei então a pensar em encontrar uma carreira que me levasse mais rapidamente à segurança financeira.

Alguns dias depois, eu estava no centro de medicina da universidade quando notei um grupo de médicos com seus aventais brancos. Eles estavam ouvindo atentamente um homem bem vestido que carregava uma bela maleta. Ele estava falando em termos científicos. Fiquei impressionado pelo fato de alguém conseguir obter tanta atenção de um grupo notoriamente cético e elitista como o daqueles médicos acadêmicos. Descobri que ele trabalhava para uma das maiores empresas farmacêuticas, educando médicos a respeito de seus produtos, para que eles pudessem recomendá-los ou receitá-los para seus pacientes. Descobri naquele instante que aquela poderia ser a resposta para o problema financeiro.

Como cientista treinado, eu sabia o que fazer: fiz pesquisas de campo. Recorri a dados de informações sancionadas pela FDA (*Food and Drug Administration*), órgão que fiscaliza e aprova alimentos e medicamentos nos Estados Unidos, para todos os medicamentos éticos. Uma vez que essas informações incluem descrições químicas de cada droga, para que é usada, os efeitos colaterais em potencial, seu modo de ação instinto e as interações em potenciais com outras drogas, logo sabia muito sobre o assunto. E conciliando isso a meus conhecimentos de biologia celular, pude dominar as informações e facilmente transmiti-las.

Comecei a ampliar minha busca por drogas que mais me interessavam do ponto de vista científico, como antibióticos, psicotrópicos e medicamentos que atuam sobre o metabolismo. Naquela época, 1974, a Pfizer parecia contar com uma gama especialmente ampla de produtos que eu achava que poderia promover.

Aquilo foi o que chamo de "ponto de acentuação": uma oportunidade determinante na vida, se você tiver o instinto para reconhecê-la e coragem para persegui-la. Preparei uma campanha para me tornar estagiário de vendas e trabalhar em Maryland, perto de onde eu havia sido caixa de uma loja. Aquele seria o início da minha carreira até o cargo de CEO.

O quadro que você "pinta" para si mesmo pode parecer pouco ortodoxo, o meu certamente era. Mas se mesmo assim parece certo, você pode usar sua própria combinação de "genes do sucesso" para descobrir como se encaixar nesse quadro.

A seguir, algumas dicas vão ajudar você a descobrir se o "quadro que você está pintando" é realmente adequado.

Avalie os problemas a enfrentar

Pense em si mesmo não como um currículo ou uma coleção de qualificações, mas como um modo de se comportar, uma abordagem em relação à vida. Para começar, faça a si mesmo a seguinte pergunta: "O que é mais importante para mim: sentir-me bem ou não me sentir mal?".

À primeira vista pode parecer a mesma coisa, mas não é. Se você é do tipo que quer se sentir bem, irá procurar maximizar seu prazer. Você irá querer fazer mais, ser mais, ter mais. Tenderá a dizer "por que não?". Em contraste, se você prefere "prevenir dores", terá grande tendência a evitar estresse, ater-se ao familiar e minimizar conflitos em potencial. Você tenderá a perguntas "por quê?" ou "e se?" antes de fazer algo, porque, para você, não se ferir é mais importante do que se sentir bem.

Se você se identificar mais com o primeiro tipo de pessoa, estará pensando como um empreendedor. Se for mais de "minimizar a dor", precisará pensar se o esforço e os riscos exigidos para realizar sua visão valem a recompensa. Quanto maior seu sonho e quanto maior sua recompensa em potencial, maior será o sacrifício possivelmente exigido.

Pense de novo por que você quer aquilo que você diz querer. Se para você evitar a dor é mais importante do que o prazer de perseguir seu sonho, você pode precisar ajustar sua visão. Sonhos pequenos, problemas pequenos; sonhos grandes, problemas grandes. Certifique-se de saber o que prefere.

Teste das Palmas das Mãos Suadas

Quando fechar os olhos e se imaginar vivendo sua visão dia a dia, não se esqueça de pensar também no lado negativo. Imagine não só a grande sala e a limusine, mas também as horas que passará em aeroportos e reuniões. Se suas mãos ficarem suadas, se você não se sentir à vontade, se simplesmente não conseguir se ver nesse "quadro", descubra por quê. Talvez seja sua resposta usual a um desafio, ou seu metabolismo está simplesmente tentando alertá-lo de um descompasso entre quem você é e aquilo que você quer.

Mas se você puder se ver tendo sucesso, então trata-se de uma questão de reunir os elementos que podem levá-lo aonde você quer chegar.

Experimente

Ponha-se em situações que irão testar aspectos da sua visão. Se você está pensando em iniciar uma empresa, tente não receber salário e ver o quanto fica ansioso por isso. Colocar em prática pequenas experiências relacionadas à sua visão poderá ajudá-lo a descobrir se você sente-se à vontade com ela.

Se o seu "quadro" exige que você crie um personagem falso, esqueça-o. As pessoas não mudam de personalidade à medida que entram no "quadro que pintaram". As pessoas de sucesso se sentem à vontade permanecendo simpáticas, preocupadas, generosas ou criativas, à medida que evoluem, porque aquilo que estão experimentando, o "quadro que criaram", faz realmente parte deles desde o início. Em vez de exigir que eles lutem para ser algo que não são, o "quadro" tira proveito daquilo que eles já são.

Estou convencido de que, naquela época, o fato de ter conseguido me ver como representante de vendas potencialmente bem-sucedido, em vez de apenas ser mais um aluno de pós-graduação, ajudou-me a conseguir o emprego na Pfizer. Eu havia tido uma entrevista com o gerente distrital em Baltimore, que me enviou para Atlanta, para falar com seu gerente regional. Aquela conversa foi intimidante. Por um lado, a poltrona em que eu estava sentado era baixa; assim, eu tinha que ficar olhando para cima, para aquele sujeito cuja mesa ficava sobre uma plataforma. Estava claro que minha falta de experiência em vendas não o impressionou. Quando voltei de Atlanta, o gerente distrital de Baltimore perguntou como havia sido a entrevista. "Não tão bem", disse eu. Cheguei até a me oferecer para pagar minha passagem, dizendo que não queria embaraçá-lo. Ele pensou um minuto e perguntou: "Você acha que pode realizar esse trabalho?".

"Certamente", respondi – e falava sério. Era algo que parecia certo para mim, apesar de eu nunca ter vendido nada profissionalmente na vida. "Você está contratado", disse ele. Esse é o poder de conseguir se ver no "seu quadro".

O que fazer quando se é fraco em "abertura a experiências"

É fácil criar uma visão de futuro se você é altamente "aberto a experiências", mas, ao contrário, quando não se é, isso revela que essa visão não faz parte de sua composição genética? Isso significa que você deve abrir mão de ter uma visão e de labutar dia após dia, esperando que algo de bom aconteça?

De maneira nenhuma. Além de responder a duas perguntas que discutimos neste capítulo, há coisas táticas que você pode fazer para ajudar a elevar a sua "abertura a experiências". Tente algumas e veja como elas podem aumentar sua capacidade para forçar a imaginação e antever novas opções para você.

Procure se expor a coisas novas

Dedique algum tempo, no mínimo uma vez por mês, para se confrontar com uma nova experiência ou idéia – e assim ampliar seus horizontes.

Leia com voracidade

Aprender mais sobre a carreira das pessoas de sucesso pode estimular sua capacidade visionária.

Desafie-se a encontrar valor numa experiência estética

Pode ser uma obra de arte, uma peça musical. Force-se a achar semelhanças entre, por exemplo, uma pintura abstrata e uma situação de negócios. Isso irá estimular qualquer nível de criatividade que você tiver.

Use suas habilidades analíticas

Force-se a seguir pensamentos até seu final lógico – ou vá um pouco mais longe. Se você trabalha com clientes, pergunte-se sobre o tipo de necessidade que eles terão em dois, cinco ou dez anos. Use a lógica para acelerar o pensamento criativo.

Aprenda a se questionar

Finja que é um repórter que precisa redigir uma história a respeito do futuro de sua empresa. Escreva um currículo imaginário para si mesmo. Prepare para si um plano de negócios que em sua opinião terá sucesso. Isso pode expandir seu pensamento visionário a respeito do que o sucesso significa para você.

Mesmo que a "abertura" faça naturalmente parte de sua personalidade, ela não tem somente um lado positivo. Sem outros traços de personalidade para equilibrá-la, ela pode conduzir à busca sem propósito da próxima novidade. Você precisa canalizá-la para ajudá-lo a imaginar uma série de "futuros", nos quais você gostaria de viver, uma visão evolutiva que o coloque em "quadros" que aproveitam ao máximo o que você é. Essa visão evolucionária é o "promotor de sucesso" que canaliza toda a "abertura" que houver em sua natureza em direção a um caminho produtivo.

CAPÍTULO 4

Para acreditar mais na própria capacidade

Uma das coisas mais intrigantes a respeito de superempreendedores é a enorme confiança que eles têm em si mesmos. Não são apenas destemidos, mas inspiram outras pessoas a ter a mesma espécie de crença instintiva em suas idéias. Pensar como empreendedor não significa superar o medo. Significa aceitá-lo e minimizá-lo. Se você acorda suando frio no meio da noite, não será muito eficaz em convencer outras pessoas.

O que capacita uma pessoa para iniciar uma empresa aos cinqüenta anos quando outras pessoas, diante da demissão, simplesmente desistem ou aceitam qualquer emprego que aparecer? O que mantém algumas pessoas presas a um emprego que detestam enquanto outras vivem suas visões projetadas e têm garra para seguir adiante e evoluir? Mais uma vez, acho que tudo isso está no DNA delas – o DNA do sucesso.

Um dos maiores desafios de ser um empreendedor é adequar os riscos assumidos à capacidade para suportá-los.

É por isso que sua visão, o quadro de sucesso que você "pintou" para si mesmo, é tão importante. Mas se você tem apetite limitado para riscos, mudanças, evolução, é provável que deva reconhecer que suas metas também devam ser limitadas.

Viver dentro de uma visão que traçou para si mesmo – quer isso signifique iniciar uma empresa, procurar um novo emprego ou visar o próximo degrau na hierarquia da empresa – significa que você estará sempre enfrentando coisas novas. Ter uma visão evolucionária significa que você precisa decidir quais serão seus próximos passos.

Assumir riscos é como exercitar um músculo. É preciso regularidade. Você precisa se preparar para isso. E precisa se esforçar, sem causar ruptura completa do músculo.

Tenho um amigo que trabalha numa grande empresa de eletrônica. Ele é um vendedor incrível, está sempre no topo da lista de sua empresa. Eu sempre o procurava quando queria comprar um televisor ou um DVD. Ele costumava dizer: "Eu deveria iniciar meu próprio negócio". Às vezes ele se referia a abrir uma loja de varejo. Outras vezes, ele atuava como um consultor, ajudando pessoas como eu a decidir o que comprar para suas casas ou empresas. Em dado momento, a empresa dele promoveu uma demissão em massa e ele poderia ter entrado em um plano de aposentadoria precoce. Perfeito, pensei eu. Assim poderia abrir o negócio com o qual sempre sonhara. E eu lhe disse: "Jorge, qual é o problema? Você tem uma reputação incrível. Todos na região o conhecem, conhecem seu valor. Vamos fazer as contas. Se você me der consultoria, provavelmente comprarei "x" equipamentos de você. Tudo o que você precisa é atender cinqüenta pessoas por ano e ganhará mais dinheiro do que seu empregador está lhe pagando".

"Mas e se eu perder uma semana ou não conseguir uma consultoria?", disse ele. "Qual é a probabilidade disso acontecer?", respondi. "Hoje você está com as noites e os fins de semana ocupados fazendo exatamente a mesma coisa".

Não fez diferença nenhuma. "É arriscado demais", disse ele. "Tenho dois filhos indo para a universidade, minha mulher quer um carro novo. Tenho muitas contas a pagar". Suas razões eram as mesmas que as minhas, mas tínhamos perspectivas muito diferentes sobre o risco envolvido. Para mim, as vantagens e o potencial eram óbvios; para ele, sempre havia um obstáculo para a realização de sua idéia, na qual, em minha opinião, ele teria muito sucesso.

Quando vejo pessoas lutando com esse tipo de indecisão, que gostariam de partir em novas direções, mas não têm confiança para isso, sinto-me mal por elas. E quero lhes dizer: "Hei, não sofra tanto. Você saberá quando o negócio for bom para você".

Busque correr riscos

Tenho uma amiga que é bem desorganizada. Sua sala de estar vive cheia de jornais, de projetos semi-acabados esperando por uma hora de atenção. O marido dela até criou um nome para seu descaso para com o caos a seus pés: "cegueira para o chão". "Até certo ponto, ela sabe que há coisas no chão", diz ele. "Mas de algum modo ela parece não vê-las e isso não a incomoda tanto quanto incomoda a mim". Acho que isso é como ruído de fundo: você acaba se acostumando e deixa de ouvi-lo.

Quando se trata de riscos, os empreendedores necessitam de uma espécie de "cegueira para o chão" – ou de uma "cegueira para os riscos". As pessoas que examinam minha carreira vêem uma série de riscos. Suponho que estejam certas, mas devo confessar que não senti nenhum deles. Para um empreendedor nato, o risco não parece risco; parece a maneira pela qual o mundo funciona. É outra informação a ser levada em conta na decisão de ir atrás daquilo que está logo ali. Para o empreendedor, risco é oportunidade.

Algo que me ajudou a desenvolver minha "cegueira para os riscos" foi o fato de eu ter assumido logo um risco, como quando deixei a pós-graduação. Dos 684 territórios de vendas da Pfizer na época (hoje há milhares a mais), o de Baltimore estava morto pouco antes de eu ser contratado. Penso que talvez o gerente distrital de vendas tenha calculado que não havia muito risco em contratar um garoto sem experiência de "rua", que, na verdade, nunca tivera um emprego fora de um laboratório universitário.

Do ponto de vista da Pfizer, Baltimore era como o Pólo Sul. A comunidade médica de lá, dominada pela Universidade Johns Hopkins, é uma das mais sofisticadas do mundo. Quando confrontados com um representante de vendas farmacêuticas que não sabe sobre o que estava falando, os médicos de Baltimore eram especialmente talentosos naquilo que eu costumava chamar de "cefalotomia": se você desperdiçasse o tempo deles, eles cortavam sua cabeça.

Com o nome da Pfizer em meu cartão de visitas, eu podia conseguir uma primeira entrevista com quase qualquer médico com quem precisasse falar. O truque era evitar a "cefalotomia" – e assim colocar em ação meus conhecimentos de medicina e de ciência, para fazer com que eu me tornasse um vendedor. Minha maleta estava bem estocada com os dispendiosos materiais de vendas da empresa. Porém, quando comecei a me reunir com os médicos em salas de estar de hospitais, entre suas consultas, os lenços de papel se tornaram meu melhor auxílio de vendas.

Armado com conhecimentos de biologia, fisiologia e bioquímica, passei a usar os lenços como quadro-negro para mostrar como os compostos atuavam no corpo humano. Em menos de um ano, meu território tornou-se o mais produtivo da Pfizer e eu me tornei o "Representante de Vendas do Ano".

Em pouco tempo tive a oportunidade de ser transferido para a sede central da empresa em Manhattan, Nova York, para trabalhar com materiais de marketing farmacêutico – tudo aquilo que eu pouco usava no campo. Eu era um cientista em marketing – um novo conceito. Um quadro incomum, mas que se mostraria um sucesso.

Não estou dizendo que não houve solavancos no caminho. No meu primeiro dia de escritório – uma segunda-feira –, meu novo chefe me disse para preparar uma demonstração de "Lucros e perdas", para o período de três anos, até quinta-feira. Três anos em três dias! Àquela altura, eu tinha uma vaga idéia do que era uma demonstração daquelas.

Sujeitos que trabalham com ratos de laboratório não fazem cursos de contabilidade ou de finanças. Lembro-me de ter estranhado o fato de poder existir, ao mesmo tempo, uma declaração que abordasse lucros e perdas.

Interroguei alguns colegas e copiei um pouco daquilo que outros haviam feito. Sobrevivi ao prazo da quinta-feira. Imediatamente me inscrevi num curso de "Finanças para gerentes não-financeiros".

Empreendedores vêem riscos como oportunidades

Para um empreendedor nato, risco é oportunidade. Não pratico esportes radicais, mas fico mais feliz quando estou pensando a respeito dos desafios que o futuro poderá trazer e como conseguirei superá-los. Somos todos programados para não gostar de riscos desde os primeiros dias de nossas vidas. Mas os empreendedores de sucesso entendem que as grandes recompensas que procuram somente virão se eles aperfeiçoarem sua capacidade para enfrentar com sucesso desafios cada vez maiores.

Depois de aperfeiçoar meus talentos de marketing na Pfizer, saí para trabalhar numa agência de propaganda. Como a Pfizer era cliente de agências, eu compreendia as coisas do ponto de vista do cliente. Descobri que meus clientes esperavam de mim não uma grande campanha publicitária, mas, sim, pensamento estratégico a respeito dos seus esforços mercadológicos como um todo.

Depois de vários anos, porém, comecei a ficar inquieto. O CEO da agência havia acabado de nomear um novo presidente; assim, eu sabia que se passaria muito tempo até minha próxima promoção. E me parecia que, por alguma razão, a cultura daquela agência estava começando a mudar. Você sabe que está na hora de mudar quando um cliente o chama de lado e diz: "Não traga mais fulano. Ele só nos irrita. Queremos que só você venha nos ajudar a pensar a respeito de estratégias".

Eu estava começando a sentir meus instintos empreendedores manifestaram-se. Continuei a questionar minhas decisões em silêncio, pensando a respeito do que teria feito de forma diferente se estivesse no comando. Cada vez mais eu sentia que aquelas decisões impediam que eu e todos os outros aproveitássemos as oportunidades que eu conhecia a respeito dos serviços de saúde.

Clientes e colegas haviam afirmado que meus talentos para vendas associados ao meu pensamento estratégico para comercializar e vender medicamentos poderiam tornar muito bem-sucedida uma agência especializada em serviços de saúde. O campo não só estava crescendo, mas também se tornava intelectualmente mais exigente. E eu continuava vendo em mim um potencial que sabia que nunca conseguiria perseguir na posição em que estava.

Sempre que me defronto com uma decisão arriscada como essa, procuro manter as coisas tão simples quanto possível. Relacionei os prós e os contras de cada uma das minhas opções. Eu vivia bem onde estava, mas não estava disposto a ficar cada vez mais entediado e pouco à vontade naquele tipo de situação.

Eu poderia ir para outra agência, mas ainda assim não seria o manda-chuva, capaz de estabelecer os relacionamentos de venda e a cultura que desejava desenvolver. Ou poderia dar ouvidos ao encorajamento de clientes e colegas e iniciar minha própria agência. Eu sabia por que queria aquilo que dizia querer – não apenas segurança financeira, mas também controle sobre meu destino e oportunidade para tentar coisas novas. Eu via o potencial para uma recompensa maior se pudéssemos satisfazer as necessidades que sabíamos que não estavam sendo satisfeitas e nos especializássemos em propaganda intelectual para serviços de saúde.

O que finalmente provocou a decisão foi uma conversa que tive com Pam, minha esposa. Afinal, eu não seria o único a assumir riscos. Àquela altura, nossa filha estava com três anos e nossos gêmeos tinham acabado de nascer. Também tínhamos acabado de construir uma casa nova. Era a terceira desde nosso casamento e sempre havíamos escolhido casas um pouco mais baratas do que achávamos que poderíamos pagar. Mas aquela tinha se tornado um compromisso muito maior do que o planejado. Afinal, depois do que tínhamos passado para chegar ao ponto de não precisar economizar com azeitonas para nossa salada, eu não queria tomar a decisão a menos que Pam concordasse totalmente.

Nós então nos sentamos à mesa da cozinha e procuramos ser muito lógicos a respeito do assunto. Colocamos todas as dúvidas e procuramos pensar nas armadilhas em potencial.

Pam fez um bom resumo. "Qual é a pior coisa que pode nos acontecer se nada der certo?", disse ela. "Você tem uma ótima reputação e sempre poderá conseguir emprego em outra agência." Conversamos um pouco mais. Por fim, exatamente no mesmo momento, olhamos um para o outro e dissemos: "Vamos nessa!". Senti que a decisão era tão precisa que tinha de estar certa. Foi o momento mais confortador desde que eu havia pensado em ter meu negócio. Que sentimento de liberdade. Eu estava em paz e nunca olhei para trás. Eu apenas tinha uma maneira de ver as coisas muito diferente daquela do meu amigo que não quis se tornar um consultor em aparelhos eletroeletrônicos e que primeiro focalizava as desvantagens. Tínhamos muito em comum, mas só um de nós conseguia falar: "Vamos nessa".

Associei-me a um diretor de criação com quem havia trabalhado e iniciei a Harrison & Star. Tínhamos um escritório alugado de 200 metros quadrados, dois funcionários (nós!), um telefone, um fax e nenhuma receita estável. Àquela altura, eu estava convencido de que tudo daria certo. Eu me via naquele "quadro". Minha experiência havia me dado confiança para superar tanto as mudanças quanto o desapontamento de ouvir um "não" de clientes em potencial. Na verdade, eu me sentia mais preparado para aquele movimento do que para os anteriores.

Contudo, nossa confiança foi muito testada. Nos primeiros meses, nossos telefonemas não obtiveram resposta. "Quem é você?", perguntava uma recepcionista entediada. "Pode repetir o nome da sua agência? E que clientes vocês têm?" Fiquei amigo de uma recepcionista, brincando a respeito de como seu chefe havia deixado de retornar minhas vinte e cinco chamadas.

Não gastávamos nada além do absolutamente necessário. Para manter as despesas baixas, eu economizava clipes de papel.

Nossa pequena agência começou a decolar. Meu sócio e eu éramos uma equipe única, uma simbiose científica em ação. Eu – o encarregado de contas – conhecia a ciência por trás da medicina e sabia como vender aos médicos. Igualmente importante, conhecia as necessidades de nossos clientes; afinal, eu tinha estado no lugar deles na Pfizer. Ciência e atendimento distinguiam a Harrison & Star dos concorrentes. Nossa mistura única nos trouxe muitos negócios, um crescimento sem paralelo e o reconhecimento, por uma publicação da indústria, como primeira "Agência do Ano" especializada em serviços de saúde. Algo simplesmente incrível para um garoto de cidade pequena em Maryland.

Tenha amor pelo que se conquista

Conheço uma mulher incrivelmente talentosa, inteligente, uma fantástica vendedora. Ela fez os negócios do seu empregador crescerem cinco vezes desde que passou a chefiar sua divisão. Ela poderia ter uma base de clientes para sua própria empresa; eles a amam e respeitam. Ela não é nenhuma florzinha, é dura como aço com as pessoas que não fazem o que devem fazer. Ela já disse muitas vezes "posso fazer isso sozinha". E acho que ela gostaria de fazer – se alguém pudesse garantir que ela seria paga todos os meses. Ela é o que chamo de "quase-empreendedora". Ela recua e continua a trabalhar para alguém que não está à altura de suas capacidades. Recomendei que ela saísse, mas alguma coisa inata a detém todas as vezes. Que pena, ela seria multimilionária.

Sentir-se à vontade com riscos é essencial para o sucesso do estilo empreendedor e não sou o único que acredita que o fato de termos ou não essa característica depende de nosso DNA. Existem evidências científicas de que a autoconfiança e a sensação de estar à vontade com riscos são hereditárias? Sim. Um estudo de gêmeos constatou que cerca de 60% da diferença entre as pessoas, quando se trata de assumir riscos, é genética; essa porcentagem é ainda mais alta do que para a maior parte dos outros traços de personalidade, a maioria das quais fica entre 30% e 50%.

Talvez os exemplos mais extremos de empreendedores que assumem riscos sejam as pessoas que abrem várias empresas. Creio que há duas espécies de empreendedores: aqueles que são atraídos para o empreendimento e aqueles que o buscam. Ser atraído para o empreendimento significa sentir-se à vontade assumindo riscos; a segunda espécie é daqueles que não se sentem à vontade sem eles. Estes são os empreendedores que abrem uma empresa atrás da outra e muitas vezes se vão depois de terminada a fase inicial. Eles gostam da próxima coisa nova, do próximo desafio. E estão sempre com o foco à frente.

Os empreendedores prosperam na batalha e no sucesso. Almocei outro dia com um amigo empreendedor. Posso vê-lo matutando qual será sua próxima grande idéia, para onde ele irá – porque ele se saiu muito bem na primeira vez. Ele já está ficando cansado de seu grande iate e dos clubes de golfe que desde então vem freqüentando.

Essas pessoas que assumem riscos de forma crônica e instintiva podem ter um gene específico que tem sido associado à busca de novidades – o desejo por um fluxo constante de experiências estimulantes. Certas variações do gene DRD4 têm sido associadas não só a personalidades que buscam novidades, mas também a Transtorno de Déficit de Atenção e Hiperatividade (TDAH).

Cerca de metade dos indivíduos TDAH possuem variação específica do gene DRD4. O TDAH pode assumir muitas formas. Em alguns casos, ele determina dificuldades para permanecer focado. Em casos extremos, as crianças com TDAH perturbam aulas, têm problemas para controlar seus impulsos e são hiperativas. Exatamente como alguns empreendedores que conheço!

O gene DRD4 pode ter dado aos primeiros seres humanos uma significativa vantagem evolutiva, de acordo com o Robert Moyzis, pesquisador genético da Universidade da Califórnia. Ele especula que caçadores primitivos com traços de TDAH, como tendência a buscar novidades, agressividade e perseverança, tinham maiores probabilidades de sucesso em sobreviver e prover suas famílias.

A "sobrevivência dos mais aptos" significava que aqueles genes teriam sido passados aos seus filhos. Isso pode ter ajudado a raça humana a sobreviver, melhorando sua capacidade para buscar novas maneiras de fazer mais e melhores coisas – seja inventando a roda, criando a mais recente droga em biotecnologia ou atribuindo tarefas seriadas.

As variações do gene DRD4 podem fazer pelos empreendedores o que estes fazem pela economia: elas nos estimulam a mudar, crescer e a continuar indo em frente. Elas podem levar a capacidade humana a sobreviver, assim como ajudam os empreendedores a assumir novos desafios que levam as empresas adiante. Talvez a desordem de déficit de atenção afinal não seja assim tão terrível.

Detesto pensar que as drogas usadas no tratamento da "desordem" estejam, inadvertidamente, homogeneizando a próxima geração de empreendedores. Sem novos empreendedores, nada de novas e grandes idéias. Que pensamento horrível – que trazendo todas as crianças para aquilo que alguns médicos consideram comportamento "normal", podemos estar normalizando-as ao ponto de elas não poderem pensar por si mesmas.

Pergunto-me se o espírito empreendedor pode estar ligado ao gene DRD4. Certamente fiz as mesmas perguntas a meu próprio respeito. Mesmo antes de conhecer a pesquisa, eu estava consciente de que sempre tive uma forma moderada de TDAH; isso é parte da razão por que eu estudava tanto na escola. Acho que a inquietação é um dos motivos pelos quais, já adulto, gosto de explorar coisas novas, entrar em novos territórios. Eu sempre disse que assumir riscos parece fazer parte do meu DNA. Hoje penso que não era apenas uma frase.

Como mencionei no Capítulo 2, o gene DRD4 também tem sido ligado a comportamentos de viciados, como o de alcoólicos. Todas essas ligações, associadas às histórias de empreendedores seriais, parecem confirmar minha crença. Alguns empreendedores tiram proveito de suas vantagens genéticas e isso conduz ao tipo de sucesso que vicia.

A genética também dá indicações a respeito de por que algumas pessoas que assumem riscos se transformam em jogadores crônicos e outras se tornam empreendedores de sucesso. Certas variações do gene DRD4 são encontradas com maior freqüência em viciados em heroína do que em não viciados. Porém, elas também são encontradas em pessoas mentalmente sadias que tendem a buscar novas experiências.

Apesar de ter recebido a maior atenção, o gene DRD4 é somente um entre os cerca de dez que, na opinião dos cientistas, afetam o desejo pela busca de novidades. Uma pessoa que tenha os dez pode se tornar viciada em heroína; outras podem simplesmente experimentar e assumir riscos de maneiras mais socialmente aceitáveis.

Alguns pesquisadores acreditam que as diferenças podem ser uma questão de graduação. Pode ser que o fato de ter um ou dois genes de busca de novidades tornem a pessoa eficaz, mas ter todos pode ser um problema.

Não é por coincidência que os antecedentes familiares de muitos empreendedores de sucesso incluem pessoas que enfrentaram o desafio de imigrar para os Estados Unidos. É necessária certa dose de confiança para deslocar sua família até um país cujo idioma você não fala.

Promotor de sucessos: o gene da visão de futuro

Ter confiança e correr riscos são processos circulares. Assumir riscos requer a confiança em ter sucesso. E esse tipo de confiança – mesmo que seja inata – se desenvolve quando se assume riscos e se tem sucesso. São necessárias as duas partes da fórmula. A espécie de fé em si mesmo exibida pelos empreendedores de sucesso é difícil de entender por parte de quem não a tem. É algo que para eles é mais instintivo.

Mas quem nasceu com pouca autoconfiança, o que deve fazer? Até mesmo pessoas que tinham fé em si mesmas desde o berço reconhecem que certas técnicas lhes permitem agir com mais confiança ao assumir riscos. Uma delas é o que chamo de "manter o foco adiante". Significa manter constantemente os olhos naquele "quadro" em que se vive, mas também buscar a oportunidade para "pintar o próximo quadro".

Na realidade, as pessoas não temem riscos. Elas temem fracassar se assumirem um risco. Se elas soubessem que iriam ter sucesso, a coisa não seria tão assustadora, certo? É por isso que permanecer focado no futuro pode ajudar. Quando alguém caminha numa corda bamba, não costuma olhar para baixo, mas sim para onde está se dirigindo. O que, afinal, mantém as pessoas de sucesso em constante evolução? O que as empurra para o futuro, assumindo risco após risco? O fato de permanecerem focadas adiante. É o "promotor de sucesso" que libera qualquer nível de autoconfiança já presente nos genes.

Marcadores para o gene do "foco adiante"
■ Você conhece sua própria marca e sabe o seu valor ■ Você mantém o compromisso de se focar adiante ■ Você não tem medo de errar às vezes ■ Você vê riscos como oportunidades ■ Você só pensa em erros se eles se tornarem lições de como melhorar

Confiante? Pode apostar. Permanecer focado no futuro libera o poder dessa confiança quando as coisas ficam difíceis. A atitude dos empreendedores é que existe um número ilimitado de oportunidades. Ele sempre acredita que pode recriá-las novamente.

A seguir conheça algumas maneiras para se manter com o foco adiante.

Adquira confiança em sua marca pessoal

O medo do desconhecido é, na realidade, o medo da própria incapacidade de sobreviver às mudanças. Um dos instintos mais importantes que alguém pode ter é saber que seus próprios recursos permitirão superar qualquer obstáculo.

Como eu já disse, os empreendedores confiam em suas idéias. Mas, na verdade, o que eles realmente confiam é que, independentemente de a idéia dar certo ou não, eles irão sobreviver e até prosperar. Esse conhecimento e essa confiança em si mesmos, mais do que na crença em uma idéia, é que lhes permitem ir sempre em frente.

Uma das razões por que consegui me transformar de cientista de pesquisa em empreendedor e depois em executivo corporativo foi o fato de eu conhecer minha capacidade para trabalhar duro. Como já disse, acredito que meu TDAH moderado é parte da razão pela qual estou sempre em busca de novos desafios.

Porém, ele também dificultou os estudos para mim. Sempre precisei ler um texto cinco ou seis vezes para entendê-lo. Fazia anotações infindáveis nas margens dos livros, relia-os repetidamente, ficava até tarde revendo-os. Eu sabia que poderia haver pessoas mais inteligentes do que eu. Mas também sabia que ninguém era mais esforçado.

Era isso o que compensava, não só na escola, mas também quando fui trabalhar em um supermercado para ajudar a pagar a faculdade. Eu tinha um chefe durão e juro que ele me fazia trabalhar mais do que todos os outros. Finalmente fui promovido de estoquista a caixa e sempre quis ser o mais rápido de todos. As noites de sexta-feira eram as mais movimentadas e eu costumava competir com os outros caixas para ver quem conseguia faturar mais vendas e passar mais clientes. Uma noite eu estava registrando itens tão rápido que literalmente queimei a caixa registradora. Sim, meu chefe ficou louco da vida comigo – mas eu venci.

Ter certeza da minha capacidade para trabalhar duro contribuiu para que eu passasse da intimidante experiência com a declaração de "Lucros e perdas" da Pfizer. Essa certeza faz parte da minha marca pessoal – a maneira como me vejo e como quero que os outros me vejam – desde que me conheço por gente. Para mim, o trabalho duro era importante não apenas pelo que produzia, mas pelo nível de confiança que provocava em mim.

Não siga sozinho

Os empreendedores de maior sucesso que conheço não são solitários – ao contrário. Em sua maioria, eles contam com uma sólida rede de pessoas que os ajudam a testar suas idéias. Pam, minha esposa, é muito importante para mim; como disse, os conselhos dela quando eu estava tentando decidir a respeito de iniciar minha própria agência foram de valor inestimável. Sua frase "o que de pior pode acontecer? Com sua reputação, você sempre poderá conseguir outro emprego em outro lugar" reforçou meus sentimentos.

Quando falo a respeito de ter um "painel de consultores especializados", não quero dizer que é preciso se basear em um consenso de opinião. Essa espécie de pesquisa na verdade homogeiniza suas decisões. O que importa é saber que sua confiança se beneficia do fato de sua intuição ter sido testada com alguma pesquisa, o que inclui as perspectivas de pessoas em cujo julgamento você confia – pessoas de sucesso.

Se você estiver paralisado pela ansiedade, obter as opiniões de pessoas com contagens mais baixas na escala de "neurose" poderá ajudá-lo a ver os aspectos positivos que você pode ter deixado passar.

Quando formar um painel de conselheiros, procure pessoas que conheçam você bem, que sejam francas e abertas a respeito de suas fraquezas, bem como de suas forças. São elas que podem evidenciar como seus prós e contras genéticos podem atuar em determinada situação.

Use o compromisso para ganhar confiança

Todo compromisso que você tiver com alguma coisa pode fazer você se tornar ainda mais confiante. Isso porque esse compromisso irá forçá-lo a manter a cabeça baixa, a manter seu foco e ir em frente seja lá o que aconteça. Ele deixa pouco espaço para palavreado neurótico. É como a frase do filme *Apollo 13*: "Cavalheiros, fracassar não é uma opção".

Algumas pessoas trabalham melhor quando não se permitem saídas. Se você é uma delas, assuma um compromisso – e que seja grande o suficiente para que você o mantenha.

Permita-se correr riscos

Uma das melhores maneiras para fechar os olhos para os riscos é ter um plano para o caso de um desastre. Ter uma idéia do que fazer caso ocorra o pior pode, paradoxalmente, lhe dar mais confiança, fazer com que você deixe de se preocupar tanto. Você pode simplesmente arquivá-lo como "Plano B", com uma nota mental dizendo "não abrir exceto em caso de emergência". Isso vai liberar sua cabeça.

Em vez de vagos temores, lá no fundo da cabeça, drenando suas energias, você pode se concentrar totalmente em fazer o Plano A dar certo. Lembre-se, a confiança vem de acreditar que você se sairá bem, não importa o que aconteça. Nesse caso, você está simplesmente traçando uma rota diferente para ter sucesso.

Isso pode parecer o oposto daquilo que acabei de dizer a respeito de comprometer-se, mas não é. Trata-se apenas de colocar um chão sob qualquer risco que você esteja assumindo. O Plano B é uma almofada para amortecer a queda. O Plano A é um foguete. Você precisa escolher qual deles o deixa mais à vontade para correr riscos.

Não é errado estar errado

Grandes líderes nem sempre estão certos. Eles não são imunes ao erro, apenas não o personalizam: aprendem com ele. Se tiver medo de errar, você não fará nada de novo, nem será um empreendedor; certamente nunca será o líder. Será apenas um seguidor por toda a sua vida.

Deixe que o risco aumente a concorrência

O risco, acreditam os empreendedores, pode melhorar suas chances de sucesso. Como? Reduzindo a concorrência àquilo que você está procurando realizar.

Quando alguém está cercado por pessoas totalmente avessas a qualquer risco, isso reduz a concorrência para aquelas que querem assumi-lo e, provavelmente, aumenta suas recompensas. Penso que, pelo fato de haver uma recompensa óbvia para assumir riscos e se ter sucesso, muitas pessoas são incentivadas a assumir desafios, o que acaba por beneficiar muitas outras.

Depois de observar meus filhos gêmeos jogando no computador, eu me pergunto se o mundo on-line pode contribuir para desenvolver crianças que vêem o risco apenas como parte do caminho até uma meta. Jogar de maneira que os ajudem a se verem como pessoas que naturalmente correm riscos pode de alguma maneira "acionar" o pensamento empreendedor de uma nova geração. Eles estão aprendendo estratégias para vencer.

Confiança em assumir mudanças significa saber o que há em você que se encaixa em cada novo quadro que você antevê para si mesmo e para sua carreira. No meu caso foi meu conhecimento de ciência e medicina. Apesar de nunca ter sido um vendedor, eu sabia que parte de minha experiência e minha personalidade permitiriam que eu me encaixasse naquele quadro de vendedor que eu havia criado para mim.

CAPÍTULO 5

Como explorar sua intuição para identificar e agarrar as oportunidades

Em um feriado de Natal, quando voltava da universidade, parei em uma floricultura para enviar uma dúzia de rosas para uma garota de quem gostava na época. Quando escrevi o cartão, dei meu endereço, que ficava na Universidade da Virgínia. A balconista perguntou se eu estudava na mesma universidade. Quando eu disse que sim, ela disse que também estudava lá. Ela se apresentou e disse que estava trabalhando na floricultura do pai durante o feriado.

Gostei de Pam desde aquele momento. Quando deixei a loja, pensei comigo mesmo "ela é linda. Voltarei aqui amanhã". Voltei e ela me atendeu novamente. Gastei o resto do dinheiro que tinha com uma vela para minha mãe, para justificar minha ida até lá. Eu estava quebrado financeiramente, mas não emocionalmente: aquela vela foi um dos melhores investimentos que já fiz.

Depois de conversar mais com Pam, percebi que queria realmente conhecê-la. Depois do Natal, mal ela chegou em seu quarto, no alojamento da universidade, recebeu um telefonema meu. Começamos a sair. Hoje estamos casados há mais de trinta anos.

Um dos aspectos mais importantes do pensamento empreendedor é a capacidade para reconhecer uma oportunidade – e não apenas reconhecê-la, mas também tirar proveito dela. Transformá-la numa realidade positiva. Conhecer Pam foi uma das melhores oportunidades de minha vida e agradeço a Deus todos os dias não só por ter reconhecido esse fato, mas também ter tido iniciativa a respeito.

Na verdade, aquele foi meu primeiro trabalho de vendas. Durante alguns anos, em todos os feriados, Pam e eu trabalhávamos na floricultura para ajudar o pai dela e ganhar um dinheirinho extra para pizzas e saladas com azeitonas. O pai de Pam e eu percebemos que eu tinha facilidade e estilo para vender ao público.

E, é claro, se eu não tivesse reconhecido o potencial para abrir uma agência de propaganda focada em serviços de saúde, não estaria onde estou hoje. Como já disse, minha carreira pode parecer surpreendente. Uma das principais razões pelas quais consegui passar do laboratório para o escritório é que fui capaz de reconhecer uma oportunidade quando ela surgiu, mesmo que ela não fosse óbvia para qualquer outra pessoa.

A intuição é vital para se viver como empreendedor. Por quê? Porque seu cérebro pode processar informações que sua mente consciente nem percebe que está recebendo. Aquilo que você identifica, e os outros não, ajuda-o a selecionar que tipo de informações são mais vitais, o que acaba por fazer com que você tome decisões mais depressa. Elas nem sempre podem estar certas, mas pelo menos irão direcioná-lo para algum lugar – normalmente para adiante.

Com freqüência as pessoas pensam que a intuição precede a informação. Penso que é o contrário. Acredito que a intuição ocorre quando qualquer dado, informação e experiência que eu possa ter a respeito de um mercado parecem estar alinhadas de tal forma que meu instinto diz: “Como isso pode ser um engano?”.

Eu poderia estar diante de três ou quatro oportunidades de uma vez, mas em geral somente uma irá produzir aquele sentimento de que tudo se liga e funciona em conjunto, algo que me irá me fazer sentir que aquela é a escolha certa.

Há outra razão pela qual penso que decisões intuitivas baseadas em informações são tão importantes para se pensar como um empreendedor. Os traços inatos nos ajudam a dar passos para extrair o máximo da capacidade intuitiva que recebemos.

Peça o que não está no cardápio

Os carros são uma de minhas paixões e sempre gosto de testar as últimas inovações. Há uma nova característica que está começando a ser oferecida em modelos de luxo. Os faróis dianteiros se movem, permitindo que o motorista "veja atrás das esquinas". Quando ouvi falar disso, lembrei-me de como um empreendedor nato é capaz de sintetizar informações de uma variedade de fontes e entender não só o que elas significam hoje, mas também o impacto que terão daqui a vários anos.

"Ver atrás de esquinas" – e agir em função daquilo que se vê – envolve muitas das outras qualidades próprias dos empreendedores, como acreditar em si mesmo, em suas idéias e nas suas qualidades analíticas, bem como ser capaz de aceitar a rejeição. Mas a identificação de oportunidades também requer a capacidade instintiva para compreender como os eventos irão se desdobrar.

A lógica diria que Robert Crandall, antigo CEO da American Airlines, é o oposto de um empreendedor, uma vez que sua carreira foi construída no mundo corporativo. Porém, ele claramente encorajou o pensamento empreendedor na empresa. Durante sua gestão, a empresa lançou: o AAdvantage, o primeiro programa para usuários freqüentes; passagens com grandes descontos; o primeiro sistema de gerenciamento de lucro da indústria; e transformou-se em empresa líder internacional. Para ele, identificar uma oportunidade e realizar algo a partir dela são duas coisas muito diferentes.

Podemos dividir o gerenciamento de negócios em duas partes: a conceitual e a execução. É preciso perguntar a si mesmo "como estará o negócio daqui a cinco, dez ou quinze anos?". Intuição sem análise é sinônimo de estupidez, mas boa intuição combinada com bons dados é uma receita de sucesso. No fim, uma decisão se baseia em como as informações são interpretadas.

O que faz com que os empreendedores vejam oportunidades que outros não vêem? Duas coisas: ser um gerente de mitos e praticar o pensamento "dois passos à frente".

Seja um gerente de mitos

Quando eu era criança, minha professora no primeiro ano se irritava comigo. Quando brincávamos com blocos de madeira, ela queria que todos nós os empilhássemos da mesma maneira. Nas aulas de leitura, ela queria que todos nós prestássemos atenção. Mas eu não obedecia, estava quase sempre pensando em outras coisas.

Ela sempre puxava minha orelha esquerda para me manter na linha: a certa altura, os constantes puxões fizeram minha orelha sangrar. Eu não queria fazer o mesmo que todos os outros estavam fazendo.

Para pensar como empreendedor, você não pode ser limitado pelos mitos existentes. Se Bill Gates tivesse dado ouvidos ao mito de que ninguém, somente maníacos iriam querer um computador pessoal, pense como seria o mundo hoje. Quanto maior a idéia, mais ela pode voar diante da sabedoria convencional.

Os empreendedores são bons em perguntar "e se?" a respeito de coisas que mais ninguém levou a sério. John Patrick teve um papel vital em fazer com que a IBM reconhecesse a força do computador pessoal e da internet; hoje ele é presidente da sua própria firma de consultoria, a Attitude LLC. Ele acredita que uma nova tecnologia da internet terá ou não sucesso pelo grau de ceticismo a respeito de seu valor: quanto maior o ceticismo, maior o potencial de impacto. Ele cita os blogs – diários on-line – como exemplo. E se os blogs, que às vezes são utilizados sutilmente dentro de corporações, se tornassem de fato um meio de comunicação e divulgação de conhecimentos? E se os blogs de clientes tivessem mais influência sobre a opinião dos consumidores do que as comunicações corporativas? E se os blogs oferecessem uma forma efetiva e barata para a empresa se comunicar com seus clientes? O "e se" é o ponto de partida para a inovação.

A sabedoria convencional é como aqueles blocos que eu organizava à minha maneira. O fato de você pensar que tem um método melhor para organizar os blocos não significa que precisa se livrar deles. Acho que é preciso respeitar a sabedoria convencional, aprender com ela, construir sobre ela e ir em frente. Se você "pinta" a si mesmo ou sua empresa em um quadro e "a norma" sugerir que você não poderá chegar até lá de onde está – digamos, se você fosse um biólogo celular e estivesse diante do mito de que apenas administradores chegam a CEOs –, você precisaria saber quais são os blocos e como começar a organizá-los para que se encaixem no "quadro" que criou.

Você precisa ser racional o suficiente para saber como tirar proveito daquilo que já existe – e então começar a preencher os vazios entre a realidade de hoje e o quadro que elaborou. Em alguns casos, os passos que você dá na direção do seu "quadro" são pequenos, mas seu impacto o conduzem na direção que você quer seguir. Uma série de passos bem planejados com certeza levará você até sua meta.

Por exemplo: vamos pensar a respeito do atual interesse das pessoas pela saúde. As pessoas querem alimentos mais saudáveis. As empresas sabem disso e querem aproveitar a tendência. A PepsiCo e a Coca-Cola comercializam água engarrafada e também colas que têm o mesmo sabor dos refrigerantes originais, com apenas uma fração das calorias que tinham antes. Empresas estão reduzindo a gordura de suas linhas de frituras, as cadeias de fast-food reagem oferecendo aos consumidores a chance de escolher entre salada e batatas fritas. O próprio McDonald's está reformulando seu cardápio.

Pense dois passos à frente

Os pensadores empreendedores também são bons naquilo que chamo de pensar "dois passos à frente". Eles não se limitam a perguntar a si mesmos "e se?"; eles também perguntam "e então?".

Havia um corretor de seguros que costumava ir à casa dos meus pais todos os anos. Quando tinha 16 anos, comprei uma apólice de seguro de vida dele e nomeei minha mãe como beneficiária. Eu me preocupava muito com minha mãe e me lembro de pensar que, se alguma coisa me acontecesse, eu queria que ela contasse com um dinheiro extra. Apesar de minha mãe ter morrido há duas décadas, aquela apólice ainda está em vigor hoje. É a minha mentalidade de "é preciso poupar para os dias de chuva".

Nem sempre as oportunidades batem na sua cara e dizem “aqui estou eu!”. Com freqüência, você tem de criar a oportunidade analisando quais serão as necessidades das pessoas dentro de cinco, dez ou quinze anos (perguntando “e se?”) e aplicando a isso seu pensamento criativo (“e então?”).

Basta pensar na indústria automotiva, que continua a se reinventar. O Grupo Chrysler, que já fez parte da DaimlerChrysler, um dia perguntou-se: “E se as mamães e os papais continuarem a passar mais e mais tempo em seus carros, transportando os filhos e todas as suas coisas?”. O “e então?” da empresa foi a criação da minivan, que deu origem a nova era de veículos. E essa era fez surgir os utilitários esportivos, versões mais possantes da minivan, que em seu momento atenderam à necessidade do mercado de dispor de um veículo maior, mais alto, mais pesado e seguro para as famílias.

Recentemente, a indústria criou o veículo crossover, um utilitário menor, pois as pessoas se cansaram dos maiores, mas ainda assim querem algo espaçoso.

Pensar dois passos à frente também é possível no nível individual, com a própria carreira. Trajetórias de sucesso também exigem a criação de uma série de visões pessoais – visões que combinam com forças e fraquezas genéticas –, para que seja possível dar os passos necessários para transformar o “quadro pintado” em realidade.

Cada “quadro” que você desenvolve para sua própria carreira na verdade torna-se um plano de marketing pessoal. Assim você é capaz de se ver em uma determinada situação profissional e determinar os passos que precisa para chegar até lá. É como um jogo de xadrez pessoal. Você sabe as regras do jogo e o que precisa fazer para vencer; basta definir seus movimentos pessoais para chegar aonde você precisa estar.

Genes, intuição e oportunidade

Os genes dos empreendedores natos fazem com que eles vejam as coisas de maneira diferente das outras pessoas. Eles vêem mais, não menos. Identificar oportunidades é uma coisa e aproveitá-las depende de muitos fatores externos, como recursos financeiros e a existência dos traços genéticos de que falamos anteriomente.

A intuição também é crítica. Muitos empreendedores dizem que a intuição desempenha papel-chave em suas tomadas de decisões. Reconhecer se todas as variáveis estão corretamente alinhadas é algo que depende, em grande parte de como a pessoa processa as informações. A intuição trata de como absorvemos, processamos e interpretamos informações. Gêmeos idênticos dizem com freqüência que têm uma ligação intuitiva especial entre si; é possível que parte dessa intuição esteja relacionada à sua íntima conexão genética.

Um estudo de cem pares de gêmeos constatou que cerca de 40% da diferença entre os níveis de "sentir intuição" das pessoas são genéticos. Isso corresponde aproximadamente à hereditariedade da "abertura", estimada em 45% a 61% (a "abertura" vem logo atrás da "extroversão", em termos de influência genética). Contar com uma boa dose de "abertura a experiências" pode ajudá-lo a impedir que a sabedoria convencional obstrua sua visão.

Marcadores para o gene "ver atrás da esquina"

- Você cultiva a intuição, de forma que ela o ajude a identificar oportunidades
- Você não só reconhece oportunidades, mas também age a respeito
- Você vê a sabedoria convencional como elemento de construção e não como uma caixa
- Você pratica o pensamento dois passos à frente para ver como as tendências se desenvolvem
- Você busca padrões em dados, eventos, conversas e no dia-a-dia
- Você busca idéias simples que foram ignoradas
- Você vive onde estão as oportunidades
- Você analisa muitas informações para descobrir tendências
- Você focaliza oportunidades em potencial para ver coisas que poderiam passar despercebidas
- Você não assume que uma oportunidade estará disponível para sempre
- Você reserva tempo para recarregar o cérebro

Quando eu era CEO da Harrison & Star, pouco antes de ela ser adquirida, eu tendia a contratar diretores de criação e executivos de contas do sexo feminino. Eu achava que as mulheres ouviam melhor os clientes, eram mais orientadas para serviços do que os homens e tendiam a interagir melhor com os clientes. Embora minha experiência não constitua um estudo, eu via diferenças reais no desempenho de minha agência.

Porém, o conceito pelo qual a intuição é uma característica feminina deve ser visto com reservas. Um estudo utilizando o "Índice de estilo cognitivo", um teste concebido para medir o pensamento intuitivo, constatou pouca diferença entre gerentes dos dois sexos em termos de orientação intuitiva. Mas ele descobriu que mulheres não-gerentes eram mais analíticas e menos intuitivas do que homens não-gerentes e mulheres gerentes.

Atitude e foco estão em seus genes?

Há outra maneira pela qual os genes podem ajudar um empreendedor nato a identificar oportunidades, embora seja mais indireta. Ela envolve permanecer focado à frente e ter percepção otimista.

Ao estudar níveis de satisfação em dois mil pares de gêmeos, pesquisadores constataram que o nível de satisfação de um dos gêmeos era um indicador melhor da satisfação do outro gêmeo do que os níveis de QI, social, financeiro ou a situação conjugal. Gêmeos idênticos criados juntos apresentavam níveis quase iguais de bem-estar, mesmo se suas circunstâncias fossem muito diferentes. Isso indica um forte componente genético. E esses níveis de bem-estar tendiam a voltar para um ponto que parecia permanecer relativamente estável para cada indivíduo.

As circunstâncias – boas ou más – podem afetar temporariamente o nível de satisfação da pessoa. Porém, esse nível tende a retornar ao ponto fixo de satisfação depois de cerca de seis meses (embora descobertas recentes indiquem que uma forte reação a eventos marcantes da vida, como viuvez ou desemprego, tendiam a reduzir um pouco aquele ponto). O estudo de gêmeos acima mencionado constatou que aquele ponto fixo determina cerca de metade da sensação de bem-estar da pessoa.

Finalmente, há um estudo interessante que, para mim, lança alguma luz sobre a capacidade de um empreendedor para perseguir uma meta, mesmo que o resultado seja altamente incerto. Pesquisadores do Instituto Nacional de Saúde Mental dos Estados Unidos transformaram macacos comuns, de indolentes em workaholics, simplesmente desativando um gene que os ajudava a saber quando seriam recompensados pela conclusão de seu trabalho.

No experimento, os macacos recebiam suco depois que terminavam uma série de tarefas. Eles podiam saber quando estavam próximos de serem recompensados observando o crescimento de uma barra em um monitor (isso me faz lembrar de seres humanos esperando enquanto baixam um programa!). Quanto mais perto estavam de receber a recompensa, melhor os macacos trabalhavam e menos erros cometiam.

Os pesquisadores dizem que eles se comportavam como humanos que adiam a execução de qualquer coisa para obter uma recompensa que esteja distante (como, por exemplo, poupar para a aposentadoria).

Em seguida os pesquisadores anularam a função de um gene chamado D2, que afeta um produto químico envolvido na maneira pela qual nosso cérebro processa recompensas e aprendizado. Os macacos não mais podiam saber quando estavam próximos de ganhar o suco. Eles começaram a trabalhar com maior eficiência e a cometer menos erros, como se a recompensa fosse iminente.

Da mesma maneira, empreendedores são capazes de atacar uma oportunidade e persegui-la de forma implacável, mesmo que possam não saber quando ela irá produzir retorno. Como já observei, uma das facetas da "extroversão" é um alto nível de energia, o desejo de estar ativo constantemente. Isso contribui para o senso de urgência empreendedor, que leva pessoas a agarrar as oportunidades em vez de apenas sonhar com elas.

Multiplique sua rede de intuição

Os empreendedores têm a reputação de serem solitários. Mas a determinação não torna uma pessoa automaticamente solitária. Na verdade, os empreendedores de maior sucesso que conheço são pessoas que criam para si mesmas e suas idéias redes de apoio. Igualmente importante, eles reconhecem que outras pessoas podem desempenhar partes importantes, ajudando-os a identificar oportunidades. Uma "rede de intuição" pode vir a ser uma das ferramentas mais importantes para ajudar os empreendedores nessa identificação.

Falei a respeito de intuição baseada em informações. Mas onde obter essas informações? É verdade que lemos jornais, revistas, livros e memorandos e tudo isso é útil. Mas acho que sua rede de intuição pode ser tão ou mais importante se você souber usá-la.

Todos sabem que é importante ouvir os clientes. Eu diria que um empreendedor nato se destaca ao ouvir a busca de idéias das outras pessoas. Nunca se sabe quem irá fazer um comentário, uma citação, dados, uma história, um dado estatístico – algo que poderá acender aquela lâmpada mágica da superidéia.

Há uma outra razão pela qual a rede de intuição é tão importante. Ela tem efeito multiplicador. Pense nisso por um momento. Quando ouve um cliente, você não está apenas ouvindo essa pessoa, mas também pode explorar os conhecimentos dele e de seus colegas, aproveitando indiretamente as previsões, observações e os conhecimentos de muito mais gente. Isso não significa que você precisa usar essa sabedoria agregada, mas ela pode criar uma base de contribuições sobre as quais você pode agir. Ela também pode lhe dar um senso mais amplo de oportunidades. O outro lado da moeda de ouvir sua rede de intuição é saber como usar as informações obtidas.

Saber identificar padrões

É claro que ver oportunidades não é ter intuição. Outra maneira de identificar oportunidades é ser bom em reconhecer padrões: de comportamento, de compras, nos problemas reportados por clientes, padrões em conexões entre eventos a curto prazo e tendências de longo prazo. Isso envolve comparar circunstâncias do presente com alguma coisa no passado que deu certo ou não.

Os padrões parecem simplesmente emergir. Quem viu o filme "Uma mente brilhante", provavelmente se lembra da cena em que o personagem principal olha para uma parede cheia de números. De repente, alguns deles parecem se destacar dos restantes, formando um padrão evidente apenas para o cientista. Muito bem, era tudo ilusão, mas uma bela metáfora visual para a maneira pela qual os empreendedores parecem fazer conexões que os outros não fazem. Além disso, muitos empreendedores têm sido atacados por pessoas que não vêem os padrões que eles enxergam.

Veja significado no caos

Tente ler este parágrafo:

De aocrdo com um pesqiusador da Cmabrigde Uinervtsy, nõa imprtoa a rodem em que as trelas muna lavrapa são clocodacas; a úcina ciosa improtatne é a preimira e a úmitla ltreas esjetam no lugar coerrto. As otruas pedom etsar uma cotempla cnufosão. Isto poqure a mnete hunama não lê cada ltrea idolasatemne, mas a pravala como um todo e o céberro etnende memso assim.

Aposto que não houve muitos problemas. A razão está no próprio texto. Nossos cérebros estão programados para criar significado daquilo que observamos. Vemos um padrão familiar – uma palavra – dentro de cada porção de letras misturadas. Não rearranjamos logicamente o texto; nós "vemos" intuitivamente o padrão correto e seu devido significado.

Nossos cérebros são programados para ver padrões. Eles podem ser triviais e negativos como "meu chefe sempre me faz trabalhar até mais tarde", ou "qualquer ação que compro cai imediatamente depois da compra". Os empreendedores, por sua vez, podem simplesmente ser melhores que outras pessoas na identificação de padrões úteis.

No meu caso, um padrão-chave foi criado por muitos clientes que diziam repetidamente "se você abrir sua própria agência, queremos que nos represente". Os clientes estavam insatisfeitos com algumas agências porque seus profissionais pareciam não se importar nem pensar a respeito de maneiras inovadoras de comunicar mensagens de marcas.

Eu teria de ser muito estúpido para não reconhecer que aquele padrão indicava claramente uma oportunidade para uma agência especializada em marketing de serviços de saúde e que se dirigisse a esse mercado de uma forma que respeitasse a inteligência dos clientes.

Padrões podem ser identificados até nos incidentes mais casuais. Quando fui jantar com o presidente da Mercedes-Benz, pus a mão no bolso quando estava iniciando minha refeição e disse "espero que você não se importe, mas gostaria de tomar minhas vitaminas".

Eu tinha cinco ou seis, que atirei na boca. Ele disse "meu Deus, fico satisfeito por você ter feito isso". Ele então pôs a mão no bolso e tirou um punhado de suas vitaminas. E disse: "Fico um pouco embaraçado por fazê-lo, mas já que você o fez, também farei". Na hora seguinte, conversamos sobre manutenção da saúde.

O mesmo aconteceu com uma pequena empresária que disse que ela e o marido tomam diariamente muitas vitaminas e sais minerais. Quando participo de um fórum, muitas vezes eu pergunto: "Quantas pessoas tomam vitaminas?". Em geral, cerca de metade das pessoas erguem as mãos.

Para qualquer um que não seja cego nem tenha a mente fechada, isso sugeriria que há um enorme potencial na modalidade de se administrar a saúde. Esses casos me dizem algo a respeito das oportunidades da indústria de suplementos: vitaminas, sais minerais, todas as coisas que visam manter a saúde em vez de tratar de doenças. Isso irá afetar nossa prestação de serviços de saúde. Afinal, o que se deve fazer: manter a saúde ou tratar as doenças? É simples assim.

O reconhecimento de padrões também é importante no nível pessoal. Reconhecer padrões em seus interesses, em seus relacionamentos com pessoas, em seus sucessos e em seus fracassos pode ajudá-lo a "pintar" o próximo quadro na sua visão de futuro – baseada em uma profunda compreensão de suas forças e fraquezas inatas.

Promotor de sucesso: o gene para "ver atrás da esquina"

Dizem que o cientista Linus Pauling, ganhador do Nobel, contou a um aluno que a maneira pela qual chegava às suas grandes idéias era ter muitas e jogar fora as idéias ruins. Mesmo que você não se sinta naturalmente intuitivo, há coisas que pode fazer para ajudar a melhorar sua própria identificação de oportunidades. Lembre-se: pensar como empreendedor não exige que você seja um deles. Explorar o poder da intuição pode ajudá-lo a tomar decisões no dia-a-dia.

Tome emprestado o cérebro de outras pessoas

Além de desenvolver e usar sua rede de intuição, você pode trabalhar com alguém cujo radar intuitivo é mais bem sintonizado do que o seu. Caso consiga encontrar essa pessoa, a parceria pode ser ótima para ambos. É claro que estamos falando em parceria, não em roubo de idéias.

Busque o obvio

Às vezes, as melhores idéias são tão simples que são ignoradas. O auto-serviço, em que próprio consumidor se serve, mudou a maneira pela qual operam quase todas as empresas. A e-Bay construiu um negócio sobre a idéia de facilitar as vendas entre indivíduos. Comercializar contratando universitários para que visitem outros estudantes e falem a respeito das qualidades de determinados produtos. Produzir computadores para cada cliente, como faz a Dell. Criar software e equipamentos que permitam que as pessoas baixem e toquem as músicas que desejam ouvir. Idéias como essas podem transformar indústrias inteiras.

Procure viver onde estão as oportunidades

A inovação decorre de se estar perto de as coisas acontecem. Você não pode dominar a tecnologia da internet a menos que seja um usuário. É preciso brincar, trabalhar e viver no espaço em que essas coisas acontecem.

Não se pode iniciar uma nova agência copiando modelos passados ou mesmo correntes. Inovação não é imitação. Esta pode ser a melhor forma de lisonja, mas não cria indústrias, apenas generaliza-as. Não se pode projetar uma minivan sem falar com mães e entender suas necessidades. Não se pode inventar o iPod sem saber como os adolescentes querem ouvir e arquivar suas músicas. É preciso estar em campo, do início ao fim da partida.

Para varrer o horizonte

Distanciar-se dos detalhes permite que você absorva um "quadro" mais amplo. Ver horizontalmente, através de uma ampla gama de assuntos e de fontes, bem como verticalmente – focalizando intensamente um nicho específico –, dá à intuição mais informações para gerar idéias. Mais uma vez, a intuição acompanha a informação.

Aprenda a focar

Fazer varreduras desse tipo pode ser contraditório, mas não é. Um foco intenso sobre uma oportunidade em potencial pode ajudar você a ver coisas que, caso contrário, não veria. A indústria de entretenimento está mudando rapidamente. Não estou certo de que o próximo passo evolucionário será para as empresas de mídia, mas aposto que ela irá incorporar outras indústrias, as quais irão afetar a demanda do consumidor, a consciência de marca e os gastos dos clientes.

Posicione-se antes que a bola chegue a seus pés

Como eu já disse, o pensamento empreendedor envolve um senso de urgência a respeito de perseguir uma oportunidade em vez de perder tempo refinando-a – ou, pior, sonhando com ela sem nada fazer.

Conheci há alguns anos uma mulher que queria contratar. Tentei arranjar entrevistas por meio de sua assistente, mas elas foram sempre canceladas. Quando a contatei pessoalmente para marcar uma entrevista, ela disse que não poderia marcar nada por algumas semanas devido às suas viagens. Perguntei o que ela faria depois do trabalho naquele dia. "Vou à academia", disse ela. "Ótimo!" respondi. "Apanho você no trabalho e a levo até sua academia." E foi o que fizemos. Eu a contratei antes de chegarmos à academia. Ela ainda trabalha para mim. É ótima e aquela viagem foi uma boa oportunidade para nós dois.

No futebol, você não pode esperar até que a bola esteja nos seus pés. É preciso antecipar, movimentar-se – e rápido.

Consiga tempo livre

A parte do cérebro que comanda a intuição necessita de tempo e espaço para se renovar. Você precisa tirar folgas para que isso possa ocorrer. Fico constantemente surpreso com os pensamentos que meu cérebro pode gerar diante de um pôr-do-sol. Você precisa achar algo que o faça relaxar e dê à sua mente um cenário tranqüilo para que ela pense grande.

E se você perder uma oportunidade?

Empreendedores não olham para trás. Eles simplesmente sabem que sempre há novas possibilidades e que olhar para trás só é útil se puder lhes ensinar algo a respeito do futuro.

Lembre-se, as coisas acontecem em ciclos. Esta pode não ser a ocasião certa para uma determinada oportunidade e a próxima rodada poderá trazer outras. Mesmo sentindo aquela urgência empreendedora, não tenha medo de pensar bem antes de tomar uma decisão.

Isso não elimina a urgência empreendedora. Intuir decisões – ou pensar nelas – e ter instinto não são mutuamente exclusivos. De fato, são bastante complementares. Todo empreendedor deve agarrar estrategicamente sua grande idéia e se sentir à vontade com ela antes de reagir. Empreendedores são mais planejadores pró-ativos do que atores reflexivos. Isso lhes dá a possibilidade de pensar bem em seus instintos. Eles planejam e em geral têm sucesso.

CAPÍTULO 6

Para entender e acreditar em seu produto

Quando vejo anúncios de antidepressivos e medicamentos para disfunção erétil no meio da transmissão do SuperBowl, o campeonato de futebol americano, tenho vontade de rir. Quando me tornei publicitário, não se anunciavam medicamentos para consumidores, só para médicos ou outros profissionais de saúde. Os anúncios das empresas farmacêuticas saíam nas publicações médicas e eram carregados de textos. Em geral, as agências de propaganda consideravam os medicamentos tediosos e nada criativos e não queriam fazer propaganda deles. Mas na Harrison & Star nós realmente gostávamos do que estávamos fazendo – e nosso entusiasmo revelava isso. Conseguimos injetar criatividade em anúncios que, em tese, seriam maçantes.

Meu sócio tinha grande facilidade para compreender a ciência, mais do que qualquer pessoa com quem eu já havia trabalhado. De minha parte, eu sempre tinha conseguido deixar que a ciência fizesse o trabalho por mim. Em meus tempos de representante de vendas na Pfizer, eu quase nunca usava os materiais de vendas que recebíamos. Eu me sentava com os médicos na lanchonete e esboçava no papel como e por que uma determinada droga trabalhava melhor os pacientes do que a dos concorrentes.

Às vezes, eu usava trechos de um estudo clínico tirado da biblioteca do hospital. Porém, meus auxílios visuais mais eficazes sempre eram os guardanapos de papel da lanchonete do hospital nos quais fazia meus esboços.

Essa familiaridade com a ciência, com a medicina e com o "DNA" dos médicos ajudou a nos distinguir entre as empresas farmacêuticas que eram nossas clientes. Também sabíamos que estávamos no lugar certo, no tempo certo. Nosso crescimento era altamente estimulado por um fluxo regular de novas e importantes drogas em desenvolvimento e por uma população que envelhecia e precisava de medicamentos avançados. Não vendíamos propaganda: quando falávamos com clientes, eu estava vendendo a compreensão que tínhamos da indústria dos nossos clientes: suas marcas e seus clientes, os médicos que redigiam as receitas. O fato de saber isso me fazia acreditar profundamente naquilo que estávamos oferecendo. E essa crença gerava grandes negócios.

É difícil pensar como empreendedor se você não acredita no seu próprio produto, não importa a natureza dele. Os empreendedores de sucesso entendem conceitualmente o risco daquilo que estão fazendo, embora muitas vezes isso não lhes pareça um risco. Um dos motivos é o fato de eles não só acreditarem em si mesmos, mas também naquilo que estão vendendo – e sabem por que acreditam.

Uma das melhores conversas de vendas de que me lembro foi com um vendedor de BMW. O sujeito sabia tudo a respeito do carro. Ele conseguia responder de memória qualquer pergunta e explicava de maneira muito interessante algumas das características únicas da marca. Por exemplo, ele me contou que, quando você engata marcha à ré, o retrovisor direito se inclina doze graus para baixo. Perguntei "por que doze graus?", e ele explicou que com onze graus eu não conseguiria ver o meio fio.

Sou um sujeito analítico e orientado para detalhes; fui convencido pelo profundo conhecimento do vendedor a respeito dos motivos por que o carro havia sido projetado daquela maneira – e pelo fato de ele ter percebido que eu era o cliente certo para aquele tipo de informação.

Quando falo a respeito de conhecer seu produto, não estou falando apenas do produto em si. Conhecer seu produto – seja ele um produto, um serviço, uma idéia ou você mesmo – significa compreender qual é o mercado para aquilo que você quer vender e o que é preciso para vendê-lo. Isso significa conhecer os concorrentes. Mas mais importante, significa saber do que seu mercado irá necessitar daqui um, dois ou três anos, para que você se mantenha relevante para seu mercado.

Finalmente, significa analisar suas próprias limitações e saber como compensá-las. Você pode não ser geneticamente dotado para ter confiança, mas trabalhar em todas essas questões e lembrar-se constantemente das respostas pode melhorar sua capacidade para acreditar no sucesso – em seu sucesso.

Pensar como um empreendedor significa ser capaz de vender – seus produtos, suas idéias ou você mesmo. Se você não puder acreditar em suas idéias, será melhor fazer outra coisa. E para que você seja convincente, a primeira pessoa que tem de convencer é a si mesmo. Ou você acredita em seu produto, ou consegue outra coisa para vender.

Tendência à "neurose": o gene do guerreiro preocupado

Você poderia herdar a capacidade de crer tanto em algo, que se tornaria capaz de convencer os outros do seu valor? Não é por acidente que os empreendedores são descritos algumas vezes como pessoas que têm uma crença "quase religiosa" em seus produtos. Os estudos a respeito de crença religiosa em gêmeos podem dar dicas sobre como os genes afetam essas atitudes.

Gêmeos idênticos tendem a ter atitudes semelhantes a respeito de religião, mesmo que tenham sido criados separadamente. Um estudo analisou a influência da genética sobre as atitudes de 336 pares de gêmeos adultos sobre aquilo que o estudo chamou de "religião organizada". O estudo estimou que a influência genética era de 45%; em contraste, a influência de um ambiente comum, como a família, era de 100%. A escolha da religião não estava ligada aos genes – somente à capacidade para acreditar nela.

Outra possível ligação é um gene chamado VMAT2. Gary Hamer, responsável pela seção de estrutura e regulamentação genética no Instituto Nacional de Câncer dos Estados Unidos, chamou-o de "gene de Deus". Na pesquisa de Hamer, o gene parece estar ligado a uma qualidade denominada "autotranscendência". Os psiquiatras descrevem autotranscendência como um senso de estar ligado a algo maior, além da disposição em aceitar algumas coisas com base na fé, sem prova demonstrável.

A outra vantagem genética é a ausência de ansiedade. Os empreendedores de sucesso não tendem a ser dominados pelo lado escuro da vida; no máximo, podem ser otimistas demais. A herança de um alto nível de "tendência à neurose" impõe um ônus duplo para se pensar como empreendedor: predispõe a experimentar a vida de uma forma mais negativa que as demais pessoas. Pior ainda, você tende a reagir de forma mais forte e emocional a essa negatividade. Por exemplo, se um possível investidor tratá-lo mal, para você isso será um desastre, em vez de apenas mais um passo no processo. Além disso, você tenderá a permitir que essa negatividade escape ao controle. "Isso deve significar que sou um fracasso". "Nunca conseguirei o financiamento." "Em que eu estava pensando?"

Esse tipo de reação não se parece a de nenhum empreendedor de sucesso que conheço.

Os pesquisadores têm feito algum progresso na identificação de genes que podem contribuir para transformá-lo num guerreiro cheio de preocupação. Refiro-me a pessoas que "arrancam os cabelos" quando estão preocupadas ou ansiosas.

Um experimento com camundongos na Universidade de Utah mostrou como essa expressão "arrancar os pelos" está certa. Pesquisadores neutralizaram um gene específico chamado Hoxb8 – isto é, impediram seu funcionamento. Os ratos começaram a golpear a si mesmos e aos seus companheiros de gaiola com tanta força que acabaram arrancando a própria pele, ferindo-se. O comportamento é semelhante àquele que, nos seres humanos, seria chamado de distúrbio obsessivo-compulsivo.

Outra pesquisa intrigante foi realizada com uma determinada variação de um gene que ajuda a regular os níveis de serotonina no cérebro. Essa variação do gene 5-HT parece estimular a ansiedade crônica, a depressão e a tendência para algo que os psicólogos chamam de "controle de danos". Alguns estudos começaram a associar suas funções à "tendência neurótica", um traço de personalidade altamente hereditário que pode de fato impedir alguém de acreditar em si mesmo e em seu produto.

Em sua maioria, os empreendedores exibem qualidades que indicam que eles têm baixa "tendência à neurose" hereditária. Se você herdou uma grande dose dessa tendência, é provável que saiba disso instintivamente, mesmo sem fazer o "Teste de Personalidade Empreendedora". Em contraste, as pessoas com baixo nível genético de "tendência à neurose" são emocionalmente mais estáveis.

Elas não são altamente preocupadas. Pessoas altamente neuróticas tendem a ser cronicamente ansiosas. Elas não só vêem muitas ameaças em potencial, mas também reagem fortemente ao medo que sentem delas.Elas não perdem o controle. Não se irritam facilmente ou tratam a raiva como qualquer outra emoção passageira.

Elas são resistentes a depressões. Em vez de deixar que os obstáculos atirem-nas em um colapso emocional, são resistentes diante de problemas que deixariam outras pessoas desanimadas e deprimidas. É verdade que algumas pessoas de sucesso precisaram combater depressões clínicas sérias. Porém, é provável que elas tenham outras qualidades como "consciência", que quando associadas a um tratamento profissional, possibilita que perseverem apesar da depressão.

Elas não se sentem pouco à vontade a respeito do que as outras pensam delas.

São capazes de controlar seus impulsos. Mesmo que gostem de riscos, elas não agem de forma impulsiva a esse respeito.

Elas lidam bem com estresse e não tendem a ser emocionalmente vencidas por pressões.

Como ocorre com qualquer dos traços de personalidade hereditários, as pessoas podem ter alguns desses fatores e não outros. Por exemplo, uma pessoa pode se irritar facilmente, mas carecer de outras características de "tendência à neurose" e conseguir trabalhar muito bem.

Vozes da "tendência à neurose"

	Baixa tendência	Alta tendência
Ansiedade crônica	"Risco? Que risco?"	"É arriscado demais. É provável que eu fracasse e precise pedir falência, levando minha família a passar fome."
Hostilidade crônica	"Hei, essa é a vida."	"Todos os chefes que tive mostravam favoritismos e eram completos idiotas."
Tendência à depressão	"Amanhã é outro dia."	"Odeio minha vida. Sou e sempre serei um fracasso completo."
Pouco à vontade	"Quem se importa se me acham louco?"	"O que as pessoas irão pensar?"
Dificuldade para lidar com estresse	"Quando as coisas ficam difíceis, esforce-se mais".	"Oh não! Isto é um desastre! Não posso cuidar disto! O que irei fazer?"
Impulsividade	"Não, obrigado. Adoraria um pedaço de chocolate, mas quero perder cinco quilos e ainda faltam dois."	"Não posso acreditar que comi todo aquele chocolate. Outro pedaço? Bem, já estourei minha dieta. Por que não?"

A "tendência à neurose" em fumantes tem sido associada à maior dificuldade para deixar o vício. Em minha experiência, ela também conduz a problemas com tomar decisões e ater-se a elas – em especial quando essas decisões envolvem correr riscos. Ser um guerreiro preocupado a respeito de tudo também é um grande problema para se pensar como empreendedor.

Ser cronicamente irritado ou hostil aliena a rede de pessoas de que você precisa para ajudá-lo a realizar suas metas. Se você desanima facilmente, é provável que veja somente os obstáculos e não maneiras como contorná-los. Isso pode não só afundar um empreendimento, mas também impedi-lo de ser lançado. Sentir-se pouco à vontade pode impedir que você corra riscos, deixando-o ansioso a respeito de parecer tolo ou ser mal interpretado. A vulnerabilidade sob estresse pode deixar a pessoa incapaz de tomar qualquer decisão, ou fazê-la tomar decisões com bases puramente emocionais, em vez de táticas ou estratégicas.

Ter baixa "tendência à neurose" não faz de você alguém que corre riscos, nem garante a sua crença naquilo que está vendendo. Na verdade, pessoas com alto nível de "tendência à neurose" podem desenvolver um comportamento de risco, como experimentar drogas, para ajudá-las a lidar com os demônios interiores trazidos por um cenário cronicamente negativo. Mas qualquer um que saiba que é cronicamente ansioso, hostil, sente-se pouco à vontade ou é deprimido, deve pensar duas vezes a respeito de ser um empreendedor.

A identificação de certa "tendência à neurose" não serve para alguém que pretende lidar com riscos, mesmo se essa pessoa assumir o risco em questão. É difícil acreditar no próprio produto quando seu guerreiro interior está preocupado interpretando tudo da pior maneira possível.

Os riscos de não conhecer o produto que se vende

Já falamos a respeito do valor da "abertura a experiências". Se você não herdou muita, não desanime; essa carência para a "abertura" pode ajudá-lo a sentir-se mais à vontade com os riscos. Pesquisas com pessoas que negam os riscos de contrair o vírus HIV através de sexo inseguro apresentam pontuações mais baixas em "abertura" do que aquelas que reconhecem os riscos que correm. A "abertura" envolve a capacidade para imaginar e conceituar. Ela ajuda a dar ao seu cérebro os dados de que ele necessita para analisar uma situação.

Os pesquisadores especulam que ter um baixo nível de "abertura" deixa a pessoa em negação. Ela tem problemas para imaginar que as conseqüências ameaçadoras do sexo inseguro podem atingi-las. A carência de imaginação parece lhes dar uma sensação de invulnerabilidade.

De certa forma, isso me faz lembrar de muitas empresas pontocom. A marca era tudo. Muitas delas se esqueceram de entender aquilo que estavam vendendo e o que o tornava valioso (se é que tornava). A Amazon não está vendendo coisas, e sim abrangência e conveniência. Em sua maioria, os "empreendedores" pontocom não perceberam que a internet era apenas mais um meio de comunicação. Os que tiveram sucesso ao entender o que ela de fato é e descobriram uma forma de capitalizar seu modelo de negócio.

Porém, negar um risco não é inteligente. Conheci uma pessoa que tinha uma empresa de comunicações médicas, um nicho altamente bem-sucedido e lucrativo. Ele era suficientemente inteligente para ter grandes idéias a respeito de como estruturar seu negócio e absorveu várias outras empresas. Mas ele tirou executivos do núcleo, colocando-os no comando de operações das quais eles nada conheciam. Um ego exagerado de certa forma impediu que ele visse as conseqüências daquilo que estava fazendo. Ele não conseguia imaginar que o negócio central, o núcleo, pudesse adoecer.

Bem, o negócio não só "ficou mal", mas a doença também se mostrou fatal. Quando o negócio central morreu, todos os outros também morreram. Agiu exatamente como alguém que sabe que corre risco genético de desenvolver doenças cardíacas, mas come um filé todas as noites: essas pessoas não estão "abertas" para o impacto em potencial do mau julgamento.

A "abertura" que leva os empreendedores a reconhecer uma grande idéia deveria ajudá-los a reconhecer que outras pessoas também têm grandes idéias. Talvez sejam idéias que poderiam melhorar seus produtos. A "abertura" permite que eles avaliem constantemente seus produtos e seu mercado e a concorrência.

Promotor de sucesso: o gene da "visita sem hora marcada"

Tenho visto muitos livros que falam a respeito de assumir riscos, mas nunca vi um que associe riscos a talentos para vendas. Mostre-me uma coisa que o force a assumir um risco – iniciar uma empresa ou um projeto – e apostarei que ter sucesso nele envolve ser capaz de vender.

Você precisa convencer outras pessoas a acreditar naquilo que vê. Você pode ter a melhor idéia do mundo, mas se não conseguir persuadir outras pessoas do valor daquilo que está fazendo – sua idéia, você mesmo – não irá longe.

Um diretor de criação de uma de minhas agências trabalhou para uma outra agência que foi lançada mais ou menos na mesma época que a Harrison & Star. Ela também focava serviços de saúde e era dirigida por quatro pessoas incrivelmente talentosas. Quando foi lançada, logo depois da nossa agência, ela provocou um enorme reboliço. Na ocasião, meu sócio e eu ficamos preocupados. Tínhamos arriscado tudo em nossa nova empresa e já havia alguém tentando tomar nosso pequeno nicho. Eu sabia que não podia permitir que o desafio me dominasse.

Em vez de gastar energia me preocupando com a concorrência, decidi fazer com que ela me ajudasse a nos reposicionar e encher de energia. Dissemos a nós mesmos que a existência deles reafirmava nossa decisão e que havia um mercado sólido para nós. Eu nunca havia tido problemas em fazer visitas sem hora marcada, mas a concorrência me deu motivação extra para sair e contatar cada cliente antes que eles o fizessem.

Na verdade, aquela agência teve vida curta. Nenhuma daquelas quatro pessoas talentosas sentia-se à vontade com visitas sem hora marcada. Já eu as adorava. Aquelas visitas eram uma chance não só para recrutar novos clientes, mas também para descobrir coisas que iriam me ajudar a fazer a venda seguinte. A outra agência não conseguiu se posicionar com os clientes em potencial e acabou fechando as portas.

Marcadores para o gene da "visita sem hora marcada"

- Você conhece aquilo que está vendendo e por que é valioso
- Você sabe o que o faz da idéia ou produto algo de valor
- Você confia na sua idéia ou produto o suficiente para ouvir as reações contrárias
- Você ouve realmente o cliente

O "promotor de sucesso" do gene "visita sem hora marcada" requer que você saiba perfeitamente o que faz de seu produto algo valioso. Depois que deixei a Pfizer e fui trabalhar numa agência de propaganda, ao ser apresentado ao meu primeiro cliente – outra grande empresa farmacêutica –, recebi uma lição rápida em que perguntavam qual seria o meu trabalho. O sujeito na outra ponta de uma grande mesa de reuniões disse que eu me sentasse e disse: "Queremos apenas saber o que você fazia para a Pfizer".

Eu não estava vendendo propaganda, mas sim minha experiência em vendas e marketing para a Pfizer. Eu vendia estratégia. Compreendi que eu era uma marca que significava inteligência e pensamento estratégico. Era isso que o cliente queria e não outra campanha publicitária. E foi isso que ele recebeu. Planejei a estratégia do lançamento mais bem-sucedido que o cliente jamais tivera. O mesmo se deu quando eu dirigia minha própria agência: eu estava vendendo minha marca de pensamento. Tirei essa tarefa dos meus clientes, para que eles pudessem se concentrar nas outras tarefas de gerenciamento de marcas.

Em meu atual papel, minha equipe e eu somos responsáveis pela avaliação não só de empresas, mas também das pessoas que nelas estão. Quando pensamos a respeito de aquisição de talentos, uma das coisas mais importantes que queremos conhecer é sua abordagem em relação ao pensamento e à criação de talentos.

Se você não é um vendedor nato, aqui estão algumas técnicas que poderão ajudá-lo a ser mais persuasivo.

Crie valor baseado em valores

Os empreendedores têm sucesso quando aquilo que estão vendendo está sintonizado com seus próprios valores. Melhor ainda, alguns têm conseguido criar aquilo que chamo de "valor baseado em valores". Seus valores centrais se tornam um ponto focal daquilo que estão vendendo.

Na Harrison & Star, um dos nossos valores centrais sempre foi a integridade. Queríamos dirigir uma agência que se baseasse em conteúdo tanto quanto em estilo. Não vendíamos anúncios. Vendíamos paz de espírito. Pelo fato de estarmos sempre pensando em nossos clientes e os guiando, eles sabiam que mais alguém tinha a responsabilidade pelo seu sucesso e também pelo sucesso de suas marcas.

A reformulação da Harley-Davidson na década de 1980 ocorreu porque seus dirigentes entenderam que não estavam vendendo apenas motos; eles vendiam – e vendem – alegria para a comunidade de pessoas que dirigem Harleys. Eles incentivaram a criação de clubes Harley, patrocinaram eventos Harley e facilitaram a comunicação entre os proprietários de máquinas Harley. O conceito de "comunidade de clientes" é valor baseado em valores.

Talvez o exemplo mais óbvio disso seja o Google, cujos fundadores incorporaram uma declaração que prometia estabelecer uma Fundação Google para "tornar o mundo um lugar melhor, focalizar oportunidades a longo prazo e assumir riscos em busca de inovações". Trata-se de uma parte intrínseca do valor da empresa Google.

Por isso, faça com que seus valores sejam parte do seu produto ou serviço. Se você fizer isso, seus clientes irão acreditar em você, em sua marca e naquilo que você está vendendo. O valor baseado em valores lhe permite ser natural e sentir-se mais à vontade vendendo. Ele complementa sua composição genética e lhe permite ter mais sucesso.

Você é sua melhor ferramenta de vendas

Na Pfizer, uma das drogas que eu vendia era um antibiótico oral bastante caro. Durante uma de minhas reuniões realizadas em lanchonetes, um médico lançou um argumento de um concorrente – um concorrente que eu sabia ser não só muito experiente, mas também um antigo amigo do médico. Este disse que o antibiótico da concorrência era tão bom quanto o meu, mas muito mais barato. Puxei meu guardanapo de papel e falei a respeito do modo científico de ação da minha droga. Diagramei como ela matava as bactérias, em vez de apenas impedir seu crescimento.

Aquele médico foi uma das razões pelas quais me tornei "Representante do Ano", de tanto que passou a receitar aquele antibiótico.

Ser capaz de vender efetivamente significa saber o que o torna unicamente valioso. Se não tivesse entendido como usar minha formação em biologia celular como ferramenta de vendas, é provável que eu não tivesse mudado de carreira. Desde o começo eu sabia que, se conseguisse um encontro com um médico, eu poderia falar "na linguagem dele".

Os médicos têm ainda menos paciência do que a maioria das pessoas com aquilo que identificam como "conversa de vendas".

Eu podia responder às perguntas deles a respeito das explicações científicas da droga em questão e como ela iria funcionar nos pacientes. Eu até contava aos médicos quais pacientes não deveriam tomar uma determinada droga. Uma coisa nova: honestidade.

A compreensão do valor dessa habilidade para os outros permitia que eu vencesse constantemente o medo, mesmo sabendo que estava enfrentando a concorrência de vendedores mais experientes, que conheciam os médicos há mais tempo. Crer naquilo que se tem a oferecer torna mais fácil entender como usar essas qualidades com os outros. Essa crença permite criar uma marca pessoal.

É essa marca pessoal que torna você especial aos olhos das outras pessoas. Igualmente importante é o fato de você conhecer essa sua marca pessoal e saber por que ela o torna valioso para os outros: isso lhe dá mais confiança para fazer vendas ainda melhores.

Pense no que você está oferecendo

Uma das razões pelas quais eu era bom em vender para os médicos decorria do fato de eu realmente acreditar que algum paciente em algum lugar iria se sentir melhor se um médico receitasse aqueles medicamentos. É claro que eu queria vender, mas eu também sabia que estava oferecendo uma coisa que iria beneficiar muitas pessoas.

Os empreendedores de sucesso acreditam que estão oferecendo algo bom, de valor – um produto, um serviço ou um talento melhor. Uma das maneiras mais rápidas para deixar de ser um guerreiro preocupado é pensar não em termos daquilo que você quer obter, mas daquilo que você está oferecendo.

Oferecer ao mundo algo que irá torná-lo melhor não só afasta o foco de você, mas também é mais inspirador para a pessoa que está tentando comprar. Afinal, seu cliente não se importa com o sucesso ou fracasso da sua empresa. Ele quer mesmo saber se sua empresa irá tornar melhor a vida, o trabalho, o mundo dele.

Ouça o cliente

A Dell Computers é um bom exemplo de empresa que conhece o que vende. Seu negócio é produzir computadores adequados às necessidades dos clientes. Quando você fala com eles, não há uma pergunta que o representante não possa responder para ajudá-lo a descobrir exatamente que modelo de computador será mais adequado.

"Ouça seu cliente" é um conselho antigo. Mas também é a coisa mais importante que você pode fazer para reforçar sua crença em seu produto. Se a confiança é um problema para você, concentre-se em deixar que seu cliente explique o que ele realmente necessita. A seguir, busque maneiras para antecipar essas necessidades. Esse é o caminho mais rápido até o coração de um cliente.

Quando meu amigo que trabalhava na empresa de eletrônica me aconselhou sobre a compra de um sistema de som, ele quis saber que tipo de música eu gostava. Perguntei por que ele queria saber. "Se você ouve aquilo de que gosta e não aquilo que eu poderia querer tocar, terá maior probabilidade de gostar da experiência", disse ele. "O som será aquele que você irá ouvir se comprar o equipamento e você não será dissuadido pela música em si." Sempre achei que aquele era um bom exemplo de se antecipar e se alinhar com as necessidades e os desejos do cliente.

Você deve se fazer três perguntas básicas:

- O que preciso saber a respeito do cliente que irá me ajudar a vender de forma mais efetiva?
- Qual é a melhor maneira de obter as informações?
- Como faço minha apresentação: construo minha história, da maneira não-invasiva e aceitável?

Mas seja esperto a respeito de quem você ouve. Você não irá vender uma casa móvel a uma pessoa que está em busca de uma mansão de 10 milhões de dólares. Quando era representante farmacêutico, eu passava muito tempo conversando com médicos e aprendendo a respeito de suas práticas: de que tipos de pacientes eles tratavam, como tratavam pacientes diabéticos, hipertensos ou deprimidos, o que eles achavam a respeito de tratar pacientes com uma determinada classe de drogas.

Eu conhecia suas preferências, o que gostavam de receitar e por quê. As informações que eu recebia me ajudavam a identificar características e dados clínicos que se somavam ao meu conhecimento sobre as drogas que representava – e assim eu sempre apresentava medicamentos adequados ao que determinado médico buscava. Apesar de haver milhares de médicos em meu território, eu fazia vendas personalizadas.

A maneira como falávamos dos produtos precisou mudar. Fornecer informações aos pacientes era uma tarefa muito diferente da de educar médicos. Tivemos que nos tornar especialistas em comunicação com o consumidor, e, em muitos casos, as mudanças envolveram bom senso.

Quando você tem um produto em que pode acreditar...

- Os clientes dizem: "Se você abrir sua agência, queremos que nos represente"
- O produto se vende sozinho
- As pessoas recomendam-no espontaneamente
- O preço não é problema
- Os clientes esperam receber informações de você

E se eu não acreditar no que estou fazendo?

Se você precisar fazer a promoção de uma idéia em que não acredita – e quer ter sucesso em sua carreira –, neste caso o melhor é buscar um produto diferente, uma empresa diferente, qualquer coisa diferente.

É claro que você não é obrigado a mudar de empresa ou de setor, afinal existem pessoas que ganham a vida simplesmente recebendo o pagamento e batendo o ponto no final do dia. Mas eu lhe prometo o seguinte: se você não acredita no que está fazendo, não terá a energia necessária para compreender seus clientes e o valor do seu produto. Logo, dificilmente terá sucesso porque você não irá querer fazer tudo o que for necessário para tornar sua idéia um sucesso.

CAPÍTULO 7

O desafio de aceitar a rejeição: aprender a gostar de ouvir "não"

Quando eu estava no segundo grau, eu sabia que teria de achar um emprego para poder pagar a faculdade. Ser estoquista em um supermercado pode não parecer muito, mas era o melhor salário inicial na área rural em que eu morava na época, em Maryland.

Eu sabia que a luta seria dura: como garoto de Maryland, eu estava concorrendo a uma vaga do outro lado da fronteira estadual, com rapazes de lá e que normalmente tinham preferência. Você não sabe como me esforcei para conseguir aquele emprego. Vários meses antes, comecei a procurar o gerente da loja ao menos uma vez por semana. Toda sexta-feira eu ia até a pequena sala onde os caixas depositavam o dinheiro. E toda sexta-feira à noite o gerente dizia: "Ainda nada".

Eu perguntava: "Quando você acha que haverá?". "Não sei. Volte para saber", respondia ele. Essa rotina se estendeu por um ano. Mas eu nunca havia sido intimidado pela palavra não. Eu sabia que, se persistisse, aquele emprego seria meu. Finalmente eu lhe disse: "Estou me formando na próxima semana". E ele disse: "Volte na segunda-feira às 14h e você começará".

A rejeição não era nada agradável, mas levou-me à faculdade. Durante quatro anos, estoquei prateleiras e descarreguei caminhões de entregas. Eu ia e voltava da escola: não podia pagar para viver nos alojamentos. Muitas vezes eu trabalhava no turno da noite, ia para casa, tomava banho, estudava e ia para as aulas da manhã seguinte. É provável que eu desse mais valor ao emprego e me esforçasse mais porque aquela tinha sido uma "venda difícil". E eu agüentei.

Depois daquilo, ouvir muitos "nãos" em visitas de vendas seria fácil. Um dos maiores desafios para qualquer empreendedor é lidar com rejeições. É preciso algo mais do que determinação. Muitas pessoas têm capacidade para abrir uma empresa (como as quatro pessoas talentosas que iniciaram uma agência concorrente mais ou menos na mesma época em que eu abri a minha).

Para persistir, é preciso inteligência, mas também coragem. Você pode ter certeza a respeito de sua idéia, mas se for detido pelos obstáculos que surgem, você não irá longe. Talvez você enfrente pessoas que não querem seu sucesso e desprezem sua idéia. Talvez você descubra que não está imune à concorrência de uma nova empresa. Talvez você enfrente indiferença nas suas tentativas de contatar possíveis clientes. Talvez enfrente pessoas que não têm tempo para pensar em mudanças ou para ouvir o que você tem a dizer. É muito provável que você enfrente tudo isso – e mais.

Ao contrário das pessoas que parecem desmontar ao primeiro sinal negativo, eles simplesmente continuam a atuar. Continuam indo em frente, mesmo que esse movimento se dê em pequenos avanços diários. Para isso, é preciso estar totalmente seguro de si mesmo, do seu talento, da sua capacidade de venda e do que você está vendendo.

A rejeição não é opcional, mas sua atitude é

Quase todas as pessoas pensam que os empreendedores lidam bem com a rejeição. Na verdade, é bem complicado. Se você pensar na rejeição como um inimigo que você deve combater, já perdeu metade da batalha. É preciso mudar a mentalidade e transformar obstáculos em oportunidades.

Se você entrar numa situação dizendo "combaterei a rejeição" – bem, é como tentar atravessar uma parede de tijolos. Por quê? Porque você tem de fazer mais do que ser capaz de combater o desânimo: é preciso aceitar o fato de que haverá rejeições – provavelmente mais do que se espera – e usá-las para envolver-se ainda pelo que se está fazendo.

Aceitar rejeições significa antecipá-las, avaliá-las e respeitá-las. Pensando assim você quase vai querer que elas ocorram, porque estará pronto para superá-las.

Ao se preparar para as rejeições, você trabalha para se convencer ainda mais do valor do seu produto, de suas habilidades. Por exemplo: se você estiver enfrentando uma apresentação difícil, preparar-se para as rejeições significa que você irá antecipar-se à resistência. Irá descobrir como responder a qualquer objeção. E, ao descobrir essas respostas, você estará reforçando sua mente a ressaltar o que seu produto ou idéia tem de mais valioso.

Quando ocorrem rejeições, é preciso que você possa dizer a si mesmo "quero descobrir como transformar um 'não' em um 'sim', minimizar os 'nãos' ou evitar que eles ocorram".

Na verdade, eu esperava pelo meu "não" todas as noites de sexta-feira, quando procurava a vaga no supermercado. Eu sabia que, com cada rejeição, nosso relacionamento estava ficando mais próximo. Gostávamos um do outro e ele esperava que eu fosse trabalhar com ele. No mínimo, eu sabia que ele sabia quem eu era.

Enfrentei rejeições na Harrison & Star durante a maior parte do primeiro ano da empresa. Elas vinham dos clientes para quem eu ligava e não retornavam minha ligação ou diziam que estavam satisfeitos com sua atual agência. Eu sabia que não deveria esperar e ligava de volta com idéias que poderiam fazer com que suas marcas crescessem.

Só depois de quatorze meses o telefone tocou. Na outra ponta estava Mary. Eu não a conhecia, até que ela se apresentou, não tinha idéia de quem ela era ou para quem trabalhava. Mas nunca esquecerei o que ela disse: "Disseram que você sabe algo a respeito de antiinfecciosos". Um editor médico que eu conhecia dos tempos na Pfizer havia recomendado minha agência.

Meu coração gelou com a pergunta seguinte de Mary: "Quantas pessoas trabalham na sua agência?". Eu sabia que minha resposta poderia significar um final rápido para a conversa. Mas também sabia que tinha de ser honesto. "Quatro pessoas". "Bem, trabalhamos com grandes agências, não com pequenas como a sua", disse Mary. "Ligarei para você às 14h, caso estejamos interessados."

Eu estava tão excitado que nem fui almoçar. Um sanduíche não valia o risco de perder uma chamada de volta – se ela viesse. Para minha surpresa, exatamente às 14h o telefone tocou. Era Mary, que parecia tão surpresa quanto eu. "Eu não entendo, mas eles querem que você venha fazer uma apresentação da capacidade da sua agência", disse ela. "Devo dizer que você tem muita reputação". Fomos solicitados a voltar depois da nossa apresentação, na qual falamos a respeito de como pensávamos, como definíamos políticas de marcas e nossos sucessos, e conquistamos nosso primeiro negócio de mais de um milhão de dólares, concorrendo com agências maiores e bem estabelecidas.

A Harrison & Star estava no mapa! Se conseguíssemos construir a marca daquele cliente, construiríamos nossa agência. Foi o que fizemos. As vendas para aquela marca cresceram mais de dez vezes. E nossa agência apresentou logo o maior crescimento da época.

Pensar como empreendedor significa esperar e até mesmo receber bem as rejeições, usando-as para alimentar a própria visão e tornar-se ainda mais determinado a ter sucesso. A agência que derrotamos para aquele negócio de um milhão de dólares havia me rejeitado um ano antes. Seus dirigentes tinham planejado me contratar; devido ao meu histórico, eles sabiam que eu poderia lhes trazer mais negócios. Mas no último minuto eles mudaram de idéia. E foi mesmo no último minuto: eles me dispensaram quando fui ao escritório deles para assinar meu contrato.

Não fiquei irritado – eles explicaram que se tratava de uma decisão puramente de negócios – mas aquele foi um "ponto de inflexão" que me ajudou a ver que não deveria trabalhar para os outros. Eu deveria abrir minha própria agência. Não teria que responder a ninguém, exceto a meus clientes. Não posso dizer que recebi bem aquela rejeição de último minuto, mas ela claramente alimentou minha visão daquilo que queria para mim.

Visitas sem hora marcada eram um desafio para Rich Teerlink, que dirigiu a reformulação da Harley-Davidson na década de 1980; ele se considerava um introvertido. Contudo, foi defrontado com o desafio de obter financiamento, para salvar a empresa da falência e, posteriormente, abrir seu capital. "Visitei todo mundo em Wall Street – eu diria que provavelmente umas cem organizações – em busca de financiamento. Eu acreditava que tínhamos uma boa história e que finalmente iríamos encontrar alguém que a ouvisse."

Como os empreendedores lidam com rejeições constantes? "Eles se livram delas", diz Teerlink. "Eles dizem 'fui rejeitado. Está bem, qual é o próximo?'. Se você enfatizar fracassos ou deficiências, garanto que não chegará aonde quer, porque você está desperdiçando boa energia. Apenas aprenda rapidamente com elas e vá em frente!".

Aprender cedo a lidar com problemas pode ser uma vantagem. Sua capacidade genética para superar resistência só ficará afiada se você tiver de superá-las. Quanto mais cedo isso começar a acontecer, mais prática você terá. É como a evolução. Quanto mais seu corpo tiver de fazer algo, como caminhar ereto, para sobreviver, mais seus genes irão evoluir para tornar essa ação mais fácil. Aprendemos mais errando do que acertando. Afinal, não questionamos por que acertamos. Mas se erramos, tentamos descobrir o que aconteceu para que possamos evitá-lo da próxima vez – caso sejamos inteligentes.

Lembre-se, atitude empreendedora não é apenas confiar que alguma coisa irá funcionar. Isso é certamente importante. Mas não tão importante quanto o conhecimento de que, quando houver um problema, você irá sobreviver e prosperar. Afinal, há somente três coisas que você pode fazer a respeito de um problema: você pode resolvê-lo, eliminá-lo ou sobreviver a ele. Saber que você será capaz de fazer tudo isso lhe dá a capacidade de recuperação de que necessita para aceitar rejeições.

Rejeições são oportunidades para ganhar confiança

Os empreendedores inteligentes treinam para ouvir mais objeções e não menos. Por que quereria você ouvir mais rejeições? Parece ilógico, não é? Contudo, cada objeção é valiosa, porque toda resposta a uma proposta de vendas contém dois tipos de informação:

Informação "sim/não"

- Informação "por que sim" ou "por que não"
- A informação "sim/não" é a resposta à sua proposta de vendas.

Pelo pensamento convencional, "sim" significa sucesso e "não" significa fracasso. É nessa informação que a maioria das pessoas se concentra.

Fazer perguntas que conduzem a informações "por que sim" ou "por que não" é vital para aceitar rejeições. São elas que lhe permitem usar cada objeção, cada ponto de resistência, como oportunidade de aprendizado. A informação "sim/não" pode ou não lhe dar uma venda. A informação "por que sim" ou "por que não" lhe permite criar uma estratégia permanente e que produz vendas recorrentes. É ela que permite a um publicitário como eu ajudar um CEO ou seu departamento de marketing a desenvolver estratégias inovadoras para construir sua corporação e suas marcas, em vez de vender simplesmente outro comercial de TV ou mais uma campanha de mala direta.

Informação "sim/não"	**Como obter informação "por que sim" ou "por que não"**
"Tentei isso e não tentarei de novo"	"Você pode falar sobre os problemas que teve?"
"Não preciso da sua idéia/produto"	"Você tem um minuto para eu falar sobre esta outra idéia, que poderá satisfazer as necessidades que expressou?"
"Estou muito ocupado"	"Qual seria a melhor ocasião para você?"
"Esqueça"	"Esta é sua resposta final?"
"Isto não é prioridade para mim"	"O que seus concorrentes estão Fazendo a este respeito?"

É por isso que é melhor ouvir mais objeções e não menos. Isso não só lhe dá a oportunidade de responder às objeções dos clientes, mas também oferece mais informações de "por que sim" ou "por que não" que poderão ajudá-lo a descobrir como lidar com o mesmo problema na próxima visita ou com o próximo cliente. Estudos da psicologia do consumidor mostram que, se você conseguir satisfazer um cliente insatisfeito, ele tenderá a ser mais leal que um cliente que nunca teve uma reclamação.

Se seu cliente sentir que você de fato ouve suas objeções e cuida delas honestamente, você terá maior probabilidade de conquistar sua confiança. E essa confiança pode criar uma ligação mais forte do que uma venda fácil.

Como representante de vendas, nunca promovi qualquer produto para pacientes que eu não achasse que iriam se beneficiar daquele produto. Algumas vezes cheguei a promover outros produtos para determinados tipos de pacientes porque achava que eles iriam funcionar melhor. Isso elevou minha credibilidade! Essa maior credibilidade reduziu o número de rejeições que tive de superar mais tarde. Tudo isso tem a ver com integridade – e acho que todos nós aprendemos muito sobre o impacto da integridade individual – ou da sua falta – nos últimos anos.

Tive uma boa demonstração do poder da confiança. Meu gerente distrital havia ido comigo visitar um médico – uma situação pouco confortável para um novato. Lá estávamos nós, sentados no consultório do médico, discutindo os méritos de uma determinada droga. O médico, conhecido por sua impaciência, me disse de repente: "Nunca irei receitar essa droga". Ele disse com todas as letras que minha droga era cara demais comparada com os outros produtos que receitava. Isso é que é rejeição – e na frente do meu chefe.

Inclinei-me sobre a mesa e coloquei um relatório clínico que havia encontrado numa biblioteca médica. Apontei para o número indicando o índice de sucesso de cada droga. "Isso é que é importante", disse eu, "e não apenas o custo por pílula. Esses poderiam ser seus pacientes. Quantas vezes seus pacientes retornam com o mesmo problema recorrente? Qual é o custo de tratar o mesmo sintoma mais de uma vez?". Aquele médico acabou sendo um dos maiores autores de receitas para aquela droga em meu território de vendas.

Extroversão: a vontade de vencer

Em termos psicológicos, "extroversão" é mais que simplesmente ser voltado para fora. As pessoas que herdam muita "extroversão" em suas personalidades gostam de dominar seu ambiente, preferem grupos e excitação a solidão e tranqüilidade, têm altos níveis de energia e são muito assertivas. Extroversão é mais do que apenas a ausência da visão negativa do mundo. É uma tendência a experimentar a vida ativamente de maneira positiva, de se concentrar no mundo exterior e acreditar na própria capacidade para impactá-lo. Também parece ser um dos aspectos da personalidade que é mais influenciado pelos genes individuais.

Essa é uma enorme vantagem para um empreendedor, certo? Exatamente. Aceitar rejeições significa estar determinado a vencer – ao ponto de ser capaz de ver através dos obstáculos para seguir em frente. O desejo de dominar é um aspecto fundamental da extroversão. Se você gosta de assumir o comando, tomar decisões e ser notado, é provável que você tenha herdado uma boa dose dela. Esses traços estão entre as qualidades que fazem de uma pessoa um líder nato.

As pessoas com alta pontuação no traço hereditário de "extroversão" são vencedoras naturais. Outras não são. Caso você não seja, precisa entender isso em vez de enganar a si mesmo ou simplesmente tentar superar o fato. A compreensão torna mais fácil pensar a respeito de técnicas que podem melhorar as suas capacidade, em vez de você passar a pensar em si mesmo como um perdedor.

As pessoas com altas pontuações em "tendência à neurose" podem ter muitos problemas para aceitar rejeições. Elas precisam achar maneiras de despersonalizá-las. Por exemplo, elas podem se lembrar de pensar numa rejeição como uma oportunidade de coleta de informações, que poderá ajudá-las na próxima vez.

Aceitar rejeições pode ser mais difícil para essas pessoas do que para os "extrovertidos", mas isso poderá contribuir para melhorar sua capacidade de administrá-las. Contudo, algumas rejeições são mais difíceis do que outras.

Se não tivesse nascido com uma boa dose de "extroversão", eu poderia facilmente ter sido arrasado por alguma coisa que aconteceu logo depois que abrimos a Harrison & Star. Eu havia saído da Pfizer em um clima bom e, naturalmente, pensava que conseguiríamos alguns dos seus contratos de publicidade. Em certo ponto, quando estava conversando com alguns dos meus ex-colegas, decidi ver um sujeito com quem tinha trabalhado por cinco anos. Até onde eu sabia, nós tínhamos um bom relacionamento. Eu havia ligado várias vezes para ele depois que saí, mas ele nunca retornou as ligações. Quando passei pela sua sala e mencionei que havia tentado entrar em contato, ele disse: "Sim, ouvi falar que você abriu uma agência. Não creio que você vá ter sucesso; não creio que possua as qualidades necessárias. Foi por isso que não me dei ao trabalho de ligar."

Fiquei abalado, mas aprendi uma lição. Nunca confunda relações com negócios. O que faz com que empreendedores sigam em frente é a compreensão de que as rejeições nada têm a ver com eles pessoalmente.

Promotor de sucesso: o gene "jogo das toupeiras"

Acho que era inevitável a aparição de uma versão on-line do velho "jogo das toupeiras". Para quem não o conhece, o jogo envolve basicamente segurar um grande martelo, observar uma plataforma cheia de buracos e martelar as cabeças das toupeiras mecânicas à medida que elas saem dos buracos uma por uma. Quanto mais tempo você joga, mais depressa emergem as cabeças.

Um empreendedor é como uma dessas "cabeças de toupeira". A capacidade de recuperação é um dos mais importantes promotores de sucessos para se pensar como empreendedor. Caso você não seja naturalmente extrovertido e lhe falte disposição para vencer, você necessita de ainda mais prática para se blindar contra os golpes da vida. Se possível, procure uma ocupação que os minimize.

Tenho a sorte de ser naturalmente difícil de me abalar. Mas todos nós podemos melhorar nossa capacidade de recuperação. Você pode não se recuperar tão bem de uma rejeição quanto uma pessoa que tem isso em seus genes, mas é provável que possa melhorar sua média. Afinal, o fato de uma pessoa ser um risco natural não significa que os riscos irão se materializar. Toda pessoa, até mesmo a que corre riscos naturalmente, precisa ser capaz de aceitar seja lá o que estiver do outro lado do risco e ir em frente. É preciso aceitar a rejeição por causa daquilo que ela pode nos ensinar.

Dê um passo para trás e dois para frente

As pessoas que iniciam seus próprios negócios sabem que surgirão obstáculos, mas nem sempre estão preparadas para enfrentá-los logo de início. É preciso reunir energia antes de enfrentar o inesperado. Não acredito na idéia de dar dois passos à frente e um para trás. Acho que em geral acontece o contrário. Você terá muita sorte se conseguir dar aqueles dois primeiros passos sem atingir um obstáculo. A diferença entre empreendedores natos e as outras pessoas é que os empreendedores estão preparados para serem derrubados antes de ver qualquer resultado; contudo, eles se levantam e chegam mais perto de suas metas.

Um empreendedor de quem fiquei amigo tinha grandes idéias. Sua empresa fazia parte de uma outra que não entendia o negócio dele ou simplesmente não queria que as idéias prosperassem. Ele acabou comprando de volta sua empresa, fez com que crescesse e hoje é muito bem-sucedido.

Sua crença contínua naquilo que ele estava fazendo – e como estava fazendo – foi fortalecida pela rejeição. O fato de ser rejeitado acabou levando-o para mais perto de seu sonho empreendedor. Estou convencido de que sua empresa está prestes a deixar sua marca no cenário nacional.

Deixe que a rejeição aumente sua confiança

A conclusão de um relatório da consultoria não trazia boas notícias para a Canon. Na década de 1960, a empresa estava tentando descobrir como poderia criar um produto com margens de lucro melhores do que os das câmeras com as quais havia começado. As copiadoras pareciam ser uma opção lógica, mas o relatório dizia que a Xerox havia cercado o mercado com patentes para a tecnologia de copiadoras.

Keizo Yamaji, do departamento de P&D da empresa, tomou aquilo como um desafio, uma oportunidade. As copiadoras Xerox eram projetadas para uso pesado e muitas cópias. Se a Canon descobrisse uma maneira de desenvolver tecnologia original para máquinas pequenas, baratas e confiáveis, ela poderia dominar o segmento inferior do mercado enquanto a Xerox ficava com o superior. A determinação de Yamaji de não ser intimidado por um concorrente aparentemente impenetrável levou à liderança da Canon no mercado de copiadoras/impressoras.

Todos dizem "aprenda com a experiência". Eu digo que, quando se trata de enfrentar rejeição, aprender com o passado só tem valor se você pensar nele em termos do que ele pode fazer pelo seu futuro. Cada rejeição, cada revés, pode ser uma diretriz sobre o que fazer no futuro para ter sucesso. Pense dessa maneira: não há o que fazer a respeito do que já aconteceu. Por outro lado, sua visão oferece oportunidades para ação. Criar algo de novo a partir daquilo que se aprendeu – uma nova linha de produtos, uma melhor argumentação de vendas – pode fazer com que você se beneficie com o passado, mas somente se você encarar a rejeição como mais um passo para fazer aquilo que você quer.

Marcadores para o gene "jogo das toupeiras"

- Você aceita a rejeição em vez de combatê-la
- Você usa a rejeição como oportunidade para criar confiança
- Você ouve as informações de "por que sim" e "por que não"
- Você está pronto para dar um passo para trás e dois a frente.
- Você pensa na rejeição em termos de como ela pode ajudá-lo a agir de forma diferente no futuro
- Você nunca pergunta "por que eu?"
- Você faz sua lição de casa para evitar rejeições na próxima vez
- Você permanece ligado à sua visão de futuro
- Você se lembra de suas vitórias
- Você continua em frente

Você precisa ser capaz de reconhecer que quando é impossível obter respostas positivas, é preciso mudar de marcha. Lembro-me de uma de minhas primeiras visitas de vendas para a Pfizer. Era um médico muito ocupado, com pouca paciência para desperdiçar palavras. Eu estava na segunda frase da minha apresentação sobre um medicamento obstetrício quando o rosto dele ficou vermelho. "Nunca me fale a respeito desse remédio", disse ele. Sendo um novato, não perguntei por quê. Tudo o que sabia é que ele estava bravo! Deixei o folheto de lado, pedi desculpas e perguntei se poderia voltar para falar a respeito de um outro produto que tinha grande aplicabilidade em sua clínica de obstétrica. Meu respeito à sua reação ao medicamento número um acalmou-o. Ele me convidou a voltar e acabou receitando aquele medicamento. De fato, ficamos amigos. Mudar de marcha muitas vezes ajuda a continuar indo em frente.

Elimine duas palavras de seu vocabulário

Há três palavras que o impedem de aceitar rejeições. Nunca as pronuncie, nem se permita pensar nelas. Essas palavras são: "Por que eu?".

Para ter liderança nos negócios há quem diga que é preciso agir como os peregrinos que chegaram à América: todos os dias eles acordavam e enfrentavam desafios que ninguém no planeta havia enfrentado antes. E eles tocavam o dia. E no dia seguinte acordavam e faziam tudo de novo. É exatamente disso que tratam os negócios: fazer acontecer, superar o desafio.

Sempre é preciso estar preparado para a possibilidade de rejeição: assim ela não o derrubará. Aceitar rejeições dá poderes para empreender ações a fim de eliminá-las ou evitá-las no futuro.

Obtenha mais informações

"Não", às vezes, pode significar "não agora". Para um empreendedor nato, um "não" nunca é final. Significa simplesmente que há informações ainda não identificadas que irão mudá-lo para um "sim".

Mantenha o coração no futuro e a cabeça no presente

Conheço um profissional que sabe muito bem o que são reveses. Ele lutou com problemas cardíacos a vida inteira, e, aos 31 anos, depois de um forte ataque, disseram-lhe que ele provavelmente não chegaria aos 40. Mesmo assim criou uma empresa depois de ter sido humilhado ao ser demitido de uma outra empresa e justamente por pessoas que ele havia contratado.

Como lidou ele com a dor de ser publicamente posto para fora? "Tudo depende da atitude", disse ele. "A vida não é o que acontece com você. É lidar com o que acontece com você. Você pode ser derrotado, humilhado, criticado, ridicularizado e desrespeitado. Tenho certeza de que nada disso é importante."

Uma das regras dele é viver o dia, procurando enriquecer a própria vida, a vida familiar, a vida dos colegas à volta. Aprender algo. Ensinar algo. Se tiver oportunidade, fazer uma boa ação. Se você fizer isso durante o dia, você terá direito a uma boa noite de sono. E ele ainda recomenda: "Regra número dois: repita a regra número um no dia seguinte".

Permanecer ligado à sua visão não o livra da obrigação de fazer coisas para torná-la real. Se você não nasceu para aceitar rejeições, precisa fazer o mesmo que os empreendedores fazem com o risco: deixá-lo de lado e agir. Se você agir com base em informações e suas ações se adequam à sua visão, elas o levarão adiante.

Mas se você não acredita em si mesmo, não tente. É preciso acreditar em si mesmo, mas de forma realista. Tenho conversado com pessoas que têm grandes sonhos, mas estes não se encaixam em suas capacidades naturais. É preciso ser honesto consigo mesmo.

Lembre-se: é preciso agir, manter-se em movimento, o que permite que você obtenha mais informações, para então aceitar as rejeições e superá-las.

Recarregue sua memória

Encontre uma forma de se lembrar daquilo que realizou. Empreendedores natos aprendem com seus erros, mas não insistem neles.

Para eles, suas realizações são tão reais quanto qualquer coisa que fizeram de errado. Em contraste, se você herdou uma grande dose de "tendência à neurose", poderá ter predisposição a insistir naquilo que deu errado. Nesse caso, qualquer progresso obtido é anulado pelo foco na diferença entre o que você é e o que quer ser. Os empreendedores também examinam essa diferença – mas só assim eles podem saber o que precisa acontecer para eliminá-la.

CAPÍTULO 8

Desafios operacionais: como analisar as coisas

Eu nasci com um cérebro analítico. Nas aulas de inglês, a parte de que mais gostava era a análise sintática. Mesmo que eu não tivesse passado vários anos trabalhando em um laboratório, com métodos científicos, seria assim, de forma analítica que eu abordaria o mundo.

Essa maneira de ser também me ajudou a entender que, toda vez que eu analisasse um problema e definisse uma conclusão, eu ainda deveria voltar a testar minhas conclusões de tempos em tempos, a fim de me certificar de que ela ainda seria relevante. Isso explica em grande parte por que sempre fui levado a pensar de maneira inovadora, destacando-me entre os concorrentes.

Contar com um método para trabalhar pode acelerar e esclarecer o que precisa ser feito. Na faculdade, eu gostava de usar uma sigla para me lembrar de como definir e abordar um projeto de pesquisa científica. Mesmo hoje, quando sou responsável por decisões que afetam centenas de empresas e milhares de pessoas em vez de afetar apenas algumas células ao microscópio, essa sigla ainda é útil.

A sigla é POHEC. Cada letra representa um estágio do método científico: problema, observação, hipótese, experimentação, conclusão/recapitulação. Será que ela ainda funciona hoje? Vamos pensar melhor o que cada uma significa:

P, de problema: O primeiro passo em qualquer experimento é esclarecer exatamente o que se está tentando realizar. Qual é o problema que estou tentando resolver? Que oportunidade devo seguir? Um pesquisador terá de descobrir de que maneira – e se realmente isso acontece – os genes afetam as probabilidades de uma pessoa contrair determinada doença. Um empreendedor terá de descobrir que negócio faz mais sentido em função de importantes tendências demográficas, culturais e de consumo. Ao empreender essa etapa, lembre-se de focalizar não só o que você acha que é o problema em função de seu conhecimento adquirido, mas também o resultado que, para você, pode ser o melhor. Para um empreendedor, o resultado pode ser um negócio, uma nova oportunidade de mercado.

O, de observação: Uma vez definido o que você quer realizar, o próximo passo é examinar os dados que podem ajudá-lo a entender a situação existente e o que ela significa para o resultado que você quer. Essa é a fase de reconhecimento: explorar as informações que o ajudarão a tomar decisões informadas e empreender ações. Você quer informações que lhe tragam discernimento. Para um cientista, isso envolve descobrir e revisar todas as pesquisas existentes que pareçam relevantes.

Em nosso exemplo hipotético, um pesquisador pode descobrir quais genes já foram testados em sua ligação com determinada doença, quais métodos de teste foram usados e o que essas pesquisas mostraram. Para um empreendedor, isso significa aprender a respeito de determinado mercado, compreender e analisar as forças e fraquezas dos participantes existentes nesse mercado e entender como os outros tentaram resolver o problema.

H, de hipótese: Depois de receber as informações, um pesquisador desenvolve uma hipótese a respeito de como o problema poderá ser resolvido. Nosso pesquisador hipotético precisa escolher um gene específico para pesquisar e descobrir como montar um experimento que irá usar informações úteis e conferir impacto em determinada doença. E o empreendedor hipotético? A revisão dos dados sugere oportunidades de mercado. Por exemplo: ele pode ajudar mulheres a equilibrar oportunidades de carreira e família. A hipótese do empreendedor é um plano de marketing ou de negócios – uma maneira lógica e inovadora para definir ou redefinir um mercado, elevar a participação desse mercado – ou ambos.

E, de experimentação: Agora a hipótese é testada e o cientista colhe dados. O que acontece quando ocorre o experimento? O que acontece quando o produto ou serviço é lançado no mercado, testado em seu público-alvo ou em suas fontes de financiamento? O que acontece quando a empresa entra em um novo mercado-alvo? Uma parte crucial de um cientista ou de um empreendedor é decidir que informações são necessárias para provar ou desmentir as premissas da hipótese ou do plano de negócios. Em negócios, isso significa escolher os parâmetros que vão medir o seu sucesso.

C, de conclusão: Uma vez completada a coleta de dados, o pesquisador ou empreendedor deve decidir o que eles demonstram. Em alguns casos, as informações validam ou desmentem totalmente a hipótese. Decidir o que o experimento revela pode ser uma das partes mais difíceis do processo. De qualquer maneira, elas usualmente levam de volta "à primeira etapa do processo POHEC". Se a hipótese está certa, o próximo passo é verificar se o experimento tem implicações em outros casos – em outras palavras, gerar uma nova hipótese a respeito de como o gene atua. Se a hipótese é falha, o pesquisador deve procurar descobrir o que aconteceu e por quê. Isso significa criar uma nova hipótese e definir um novo experimento para testá-la.

Para um empreendedor, a conclusão pode não ser totalmente clara. A hipótese está errada, ou simplesmente passa pelos desafios e testes normais de qualquer mercado ou empreendimento? Já mencionei a capacidade dos empreendedores natos para manter a fé a despeito de circunstâncias desanimadoras. É exatamente como faz um pesquisador científico, que simplesmente volta atrás e testa de novo sua hipótese, com base em novas informações. O problema ou oportunidade não mudou necessariamente (considerando que o processo de coleta de informações foi bem-feito). Porém, ele pode necessitar de uma nova hipótese, uma nova maneira de abordar o mesmo problema, com base em novos dados. Isso faz parte daquilo que chamamos de "recapitulação": testar de novo ou questionar constantemente a conclusão para ter certeza de que ela ainda é válida em face da mudança ou de novas informações.

Resumo do processo POHEC
■ Definir o problema
■ Observar os dados
■ Desenvolver uma hipótese
■ Experimentar para ver o que acontece
■ Extrair conclusões e revisá-las periodicamente para ver se ainda se mantêm

Parece mais complicado do que é na realidade. Vou mostrar como o POHEC se aplicaria a um exemplo específico de minha própria agência: o lançamento de uma empresa de educação médica em 1988.

Problema: Quando iniciamos a Harrison & Star, o negócio era a propaganda de serviços de saúde. No final da década de 1980, logo percebi uma movimentação que deveria reduzir os orçamentos para a propaganda tradicional de serviços de saúde, que era nosso negócio central. Precisaríamos substituir a receita à medida que os orçamentos de propaganda fossem redistribuídos, para assim atingir de outras maneiras nosso sofisticado público-alvo composto basicamente por médicos.

Observação: Quanto mais eu conversava com nossos clientes, mais eu percebia que altas quantias estavam começando a ser destinadas à educação médica: comunicação permanente com médicos a respeito de descobertas científicas que levaram ao desenvolvimento de uma droga ou mudanças na maneira pela qual determinada droga podia ser receitada.

Hipótese: Um dia, quando meu sócio e eu estávamos voltando do almoço, eu disse: "Vamos abrir uma empresa de educação médica. Como iremos chamá-la?". Começamos a pensar no nome. Eu disse: "Bem, o nome de nossa agência é Harrison & Star... H&S. Vamos partir daí". Depois de mais alguns quarteirões, eu disse: "HS... Health Science". Naquela tarde incorporamos uma nova empresa, a Health Science Communications.

Experimentação: Inicialmente ligamos a Health Science

Communications à Harrison & Star, atendendo aos mesmos clientes. Ela cresceu, mas não tão rápido. Então, procuramos afastá-la da Harrison & Star, para que ela pudesse atender outros clientes, além dos da agência. Foi quando ela decolou e cresceu significativamente.

Conclusão: Ficamos totalmente satisfeitos com os resultados daquele experimento. Hoje a Health Science Communications é uma das maiores empresas, das mais bem sucedidas e de mais rápido crescimento na área. Fez sentido ampliar nosso negócio. Mais tarde faríamos o mesmo ao iniciamos uma outra empresa, desta vez focada em propaganda de serviços de saúde diretamente para o consumidor. Usamos a mesma dinâmica. Aquilo que começou com pouco investimento em propaganda, na verdade "desviado" para falarmos diretamente aos consumidores é hoje um segmento de muitos bilhões de dólares da indústria de propaganda de serviços de saúde, que continua a evoluir e criar novas oportunidades de empreendimentos. O problema da redução de investimentos em propaganda, que pude perceber logo, através de observação, hipótese e experimentação fez com que criássemos uma das mais notáveis agências diretas ao consumidor da indústria.

Em alguns casos, as etapas do POHEC falham. Às vezes, a observação conduz à definição do problema, e não o contrário. Mas as etapas estão sempre lá.

Encurte a distância entre "onde você está" e "onde quer estar"

Pensar como empreendedor é como encurtar distâncias. As do mercado e as que existem entre os recursos disponíveis e os recursos de que você necessita. São as distâncias entre suas qualificações atuais e a próxima etapa no "quadro que você pintou". Basicamente, você quer transformar coisas de que precisa em coisas de que não necessita mais, porque já as obteve, encontrou substitutas ou tornou-as desnecessárias.

Existem várias maneiras para encurtar distâncias entre "onde você está" e "onde quer estar". Sua escolha irá depender da sua composição genética, dos seus recursos, da situação competitiva e do mercado.

Crie

Quando você se deu conta de que havia no mercado uma distância que precisava ser encurtada, imediatamente deve ter pensado em criar algo. Inovar pode não ser a maneira mais fácil de encurtar distâncias, mas se você acertar a mão será a mais durável.

Algumas empresas farmacêuticas estão encurtando distâncias entre o custo dos medicamentos e a capacidade que os pacientes idosos dos Estados Unidos têm para pagar por eles. Alguns estão lançando descontos para quem têm o cartão do seguro-saúde governamental. Essa é uma abordagem criativa para fornecer produtos aos pacientes de maneira econômica, especialmente porque muitos deles tomam muitos medicamentos. Os cartões exibem as bandeiras das marcas farmacêuticas e as empresas se apresentam como organizações que praticam a responsabilidade social.

A criação empreendedora não envolve apenas desenvolvimento de produtos ou estratégias de marketing. Uma das coisas mais importantes que você pode criar para diminuir distâncias é uma rede de fontes de informações confiáveis. Se você não mantiver essa rede, sua capacidade para analisar como diminuir distâncias não será tão boa assim. Faltarão a você informações valiosas e a capacidade para testar suas hipóteses com pessoas em cujas opiniões você confia.

Integre

Quando quiser lançar uma empresa, pense grande, mas conceba pequeno. O que quero dizer com isso? Se você vai iniciar uma empresa, precisa pensar até que ponto ela pode crescer. Qual o tamanho do mercado para aquilo que você está propondo? Mesmo que decida que deseja uma pequena operação, você precisa pensar grande para garantir que identificou não só um mercado, mas também uma forma de alcançá-lo. Parece óbvio, mas se o mercado for demasiado pequeno ou não houver como atingi-lo, você poderá querer repensar sua idéia, pois estará criando uma empresa de nicho com pouco futuro.

E se você não pensar grande, outros pensarão; você estará indefeso para a primeira ameaça competitiva que vier. Outra pessoa pode tirar da sua idéia mais proveito do que você, o que seria uma vergonha.

Porém, para tirar sua idéia do papel e manter o controle, você precisa conceber pequeno.

Mesmo depois de atingir o ponto de poder contratar qualificações e talentos adicionais, você ainda estará integrando pessoas, talentos, recursos e idéias, apenas em um nível mais alto. Mesmo que você não faça tudo, ser um integrador é essencial para que o empreendedor saiba que partes ainda precisam ser preenchidas e como preenchê-las. Qualquer que seja a visão da empresa, tudo precisa voltar ao centro. A diversidade traz novas idéias, novos talentos e novas capacidades para qualquer organização.

Marcadores para o gene POHEC

- Você desenvolve talentos para a solução de problemas assumindo problemas para resolver
- Você preenche vazios de recursos e qualificações criando, integrando, cooperando, delegando ou eliminando
- Você protege suas idéias de si mesmo
- Você usa análises POHEC para combater atitudes negativas
- Você testa sempre suas conclusões para se certificar de que ainda são válidas
- Você se exercita para evitar problemas de memória associados ao estresse

Coopere

Você se beneficia quando consegue diminuir distâncias ao fechar parcerias com pessoas que podem crescer trabalhando com você. Isso pode ser especialmente importante para empreendedores que estão tentando descobrir como financiar suas idéias de negócios. No momento em que você conseguir atrair investidores, eles irão querer uma parte do seu negócio. Dependendo da sua natureza, eles poderão querer uma participação pequena ou majoritária. Esta última significa que você não estará dirigindo o negócio; estará respondendo a alguém ou será apenas um funcionário. Se puder achar uma maneira de cooperar com alguém que quer ganhar dinheiro, você terá muito mais flexibilidade e liberdade para dirigir sua operação. Eu sempre senti que estava cooperando com meus clientes. Nossos negócios cresceriam se fizéssemos um bom trabalho ao ajudá-los a definir estratégias de crescimento para suas empresas.

Em certo sentido, cooperar também se aplica a diminuir distâncias entre seu próprio conjunto de qualificações. Eu costumo ter boas idéias. Não sei se sou o melhor em operações, mas sei que não sou o melhor em finanças. Para ter sucesso, você provavelmente terá de cooperar com sua organização, identificando e avaliando seus parceiros com base nas deficiências que você tem e que eles podem complementar ou compensar.

Cooperar é a forma mais óbvia para encurtar distâncias: compre o que for necessário. A satisfação mútua de necessidades pode não só resolver um problema operacional, mas também criar uma ligação que pode ser valiosa de outras maneiras.

Quando cooperar, você só precisa se certificar de que o DNA dos parceiros ou das empresas é compatível. A última coisa de que precisa é um choque de culturas ou personalidades. Compatível não significa necessariamente idêntico. Tenho visto pessoas de muito sucesso que eram tão semelhantes em seus modos de pensar e deliberar que, como parceiras, não conseguiam fazer nada. Elas tinham a tendência a discutir diante de clientes, uma fórmula certa para o fracasso. O que é necessário não é uma clonagem, e, sim, semelhança em compreensão e respeito pelas qualidades complementares. A cultura é a base da empresa; a personalidade é o talento. Elas não são apenas parte do jogo – elas são o jogo.

Delegue

A certa altura, você deixa de ser integrador de uma só pessoa para ser um integrador de múltiplas pessoas. Em outras palavras, você passa a ser a pessoa que delega. Isso permite que você, como empreendedor, volte a fazer aquilo de que precisa e mais gosta: pensar nas grandes idéias. Delegar pode ser um desafio. A mesma determinação que leva você a acreditar que vê numa idéia algo que ninguém mais enxerga pode criar problemas quando chegar o momento de evoluir de integrador para "pessoa que delega". Algumas pessoas tendem a sentir que ninguém pode fazer algo tão bom quanto elas, já que são os "donos da idéia".

Creio que, para ter sucesso em qualquer empreendimento, além de uma empresa individual, você precisa ter habilidade inata para delegar poderes. Como eu já disse, no início você é tudo. Mas, à medida que cresce, você pode se atolar em questões operacionais e se afastar daquilo em que é bom, ou você começa a contratar pessoas com talentos complementares. Assim você passa adiante essas responsabilidades para poder permanecer em sua zona de conforto.

Você já ouviu falar da necessidade de contratar pessoas melhores que você em determinadas coisas? Eu redigiria a frase de uma forma diferente, especialmente útil se você tem alta "tendência à neurose": pense em contratar pessoas cujas qualificações complementam as suas. Assim você não só elimina o julgamento de valor, mas também se lembra de que precisa se concentrar na próxima grande idéia.

Empreendedores são bons em pensar e assumir riscos. Você precisa dizer a si mesmo: "O que preciso fazer é dedicar meu tempo a coisas que irão nos tornar mais bem sucedidos e nos render mais dinheiro". Em geral, isso não significa foco nas operações, mas, sim, foco nas necessidades dos clientes, nos mercados e nas tendências que irão afetá-los. Significa ouvir seu círculo de recursos, rever o POHEC para ter certeza de que você está à frente dos concorrentes e não está simplesmente analisando as "melhores práticas" para imitar: você está definindo sua estratégia para ser o melhor.

Certifique-se de que está colocando suas energias no lugar certo. É interessante pensar nisso como uma espécie de previsão para a carreira.

À medida que você cresce, procure dedicar 20% do seu tempo para tarefas que irão impulsionar sua empresa ou carreira adiante. Pode ser identificar novas oportunidades ou novos clientes, desenvolver parcerias de cooperação como as mencionadas ou desenvolver novos produtos.

Elimine

Outra tarefa vital para a resolução de problemas é eliminar o que é desnecessário. Regra prática: se você consegue fazer algo sem o que percebeu ser desnecessário, provavelmente porque essa é a melhor maneira de fazê-lo. É uma orientação que remete à idéia de "pense grande, conceba pequeno". Muitos empreendedores esquecem que é fácil calcular quais serão suas despesas; difícil é prever quanto dinheiro irá entrar. Eles assumem custos fixos que são agradáveis, como escritórios dispendiosos, mas que nada acrescentam de substancial à empresa, exceto custos indiretos. São esses custos fixos que derrubam a empresa caso as receitas não entrem.

Acredite na sua idéia o suficiente para não morrer por causa dela. A distância entre "onde sua empresa está" e "onde você quer que ela esteja" será muito menor se você não tiver que pagar por coisas que efetivamente não a levam para adiante. Mantenha-a simples. Talvez o exemplo mais absurdo que já ouvi falar seja o do pequeno editor que tinha problemas para pagar o seguro-saúde dos funcionários, mas mantinha uma banda de rock na folha de pagamento.

Também já vi empreendedores que estavam tão envolvidos com consultores a ponto de ficarem paralisados. Os consultores forneciam cada vez mais informações, valiosas e inúteis; porém, as idéias não podiam ser promovidas e as atividades eram prejudicadas. Lembre-se: adote o hábito de compreender bem as coisas antes de recorrer a "peritos" externos, isso é vital para expressar sua capacidade analítica natural. Caso essa sua capacidade não esteja ativada, você corre o risco de ficar viciado não em sucessos, mas em consultores.

Diminuir as distâncias exige que o empreendedor elimine tudo o que é irrelevante. Concentre-se e atue baseado naquilo que efetivamente conduz ao próximo "quadro que você pintou" para si ou para sua empresa. Isso inclui informações. As coisas urgentes muitas vezes empurram para o lado o que é importante.

Seu primeiro filtro deve ser avaliar o que você está sendo solicitado a fazer no momento versus o que é realmente importante. Isso faz com que você perceba que as duas coisas não são necessariamente iguais. Assim você poderá definir o mecanismo que funciona melhor para impedir que itens importantes acabem negligenciados. Delegue o que é urgente; pense e aja sobre o que é importante.

Até mesmo grandes idéias não levam a nada sem uma execução impecável. Algumas pessoas têm a sorte de ter dentro delas inspiração e execução. Com freqüência, elas precisam diminuir distâncias entre aquilo que possuem – qualificações, traços de personalidade, recursos, informações – e aquilo de que necessitam, para levar sua empresa e sua carreira até a próxima etapa da sua visão evolucionária. Elas precisam estar absolutamente certas a respeito de quais são essas distâncias e criar um plano de marketing pessoal.

Os genes e a ciência da análise

Não é fácil tentar descobrir como seus genes afetam sua capacidade para resolver problemas, analisar mercados, criar uma empresa ou adquirir recursos. Por um lado, os cientistas nem mesmo concordam a respeito do que constitui "inteligência" e como medi-la. E pelo fato dos dons cognitivos serem tão complexos, fica ainda mais difícil ligá-los a genes individuais.

Os pesquisadores identificaram aproximadamente 150 genes como prováveis candidatos, devido à maneira pela qual eles afetam a cognição humana ou mesmo o aprendizado e a memória de moscas ou ratos, mas milhares de genes podem estar envolvidos nessa tarefa.

As estimativas da influência genética provável sobre resolução de problemas variam entre 40% e 80%; as mais recentes parecem estar em torno de 50%. Quando são superpostas as maneiras pelas quais os traços de personalidade afetam funções cognitivas complexas – como memória, lógica e rapidez de processamento de informações –, não é de se admirar que os cientistas tenham problemas para isolar como os genes podem ou não nos dotar alguém com a capacidade para resolver problemas.

Apesar disso, a seguir estão alguns sinais que os cientistas começam a descobrir a respeito de como nossos genes ajudam a moldar os dons para resolver problemas:

- Quanto maior a semelhança genética entre duas pessoas, mais suas pontuações de QI tendem a ser parecidas. Gêmeos idênticos criados em famílias diferentes são apenas ligeiramente menos semelhantes em suas pontuações de QI do que aqueles criados juntos. A seguir vêm os gêmeos fraternos. Irmãos criados juntos têm correlação menor que os gêmeos. Pais e filhos são menos semelhantes que irmãos e irmãs. Essa semelhança decrescente, tanto em genes como em QI, indica alguma influência genética.
- Nossos genes também parecem afetar nossas habilidades analíticas influenciando a maneira pela qual nossos cérebros se desenvolvem. Algumas pessoas têm literalmente mais "massa cinzenta". Através da comparação entre imagens de ressonância magnética e pontuações de QI, estudos recentes constataram que, quanto mais massa cinzenta houver em regiões do cérebro associadas à inteligência geral, mais alta a pontuação de QI.
- Resolver problemas e analisar informações também ajudam a preparar a pessoa para calcular o futuro. Os cientistas estão desenvolvendo drogas para ampliação da memória, com base em pesquisas que mostram que um gene específico ajuda a criar memórias de longo prazo. Novas experiências acionam esse gene para ajudar a fazer conexões entre células do cérebro. E ressonâncias magnéticas mostraram que a variação de outro gene importante para o crescimento e desenvolvimento de neurônios também parece afetar a capacidade das pessoas em se lembrar de eventos.
- Nos últimos anos os cientistas têm identificado genes específicos associados a doenças como a esquizofrenia, a qual pode prejudicar a memória e os processos de pensamento racional. Como esses genes estão ligados a danos mentais, os pesquisadores acreditam que também possam afetar os níveis de inteligência normal.

- Nossos genes parecem se tornar gradualmente mais influentes à medida que envelhecemos. Em pessoas mais velhas, o impacto do ambiente familiar sobre as pontuações de QI parece cair para praticamente zero, mas a influência dos genes parece aumentar. Na meia idade, cerca de 80% das diferenças em pontuações de QI podem estar ligadas aos genes.

Se uma coisa faz você obter aquilo que quer, seu cérebro faz conexões que lhe permitem reter essa informação para usá-la da próxima vez em que você tiver de resolver um problema semelhante. Em algum lugar, um gene dá início a esse processo. Se não pudéssemos lembrar do fato que o fogo queima ou que tigres são perigosos, não teríamos chegado ao estágio do homem de Neanderthal e menos ainda à era da comunicação sem fio.

Nossos cérebros são preparados para codificar o que funciona. Todas as vezes em que precisamos efetuar uma análise de marketing sofisticada, ou descobrir o que irá convencer um possível cliente a comprar, nossos genes ajudam a traçar em nossos cérebros circuitos que podem nos ajudar um problema semelhante da próxima vez.

Ter mais massa cinzenta pode significar mais inteligência. Ou não. Pessoas com níveis mais altos de inteligência podem fazer coisas que levam seus cérebros a criar novas conexões – e mais massa cinzenta. Pode ser que as tarefas da vida diária, cada vez mais complexas – realizar tarefas múltiplas ou mesmo dar suporte técnico ao próprio computador – estejam ajudando nossos cérebros a desenvolver novos circuitos.

Também parece que há dois tipos diferentes de inteligência. Um deles, chamado “inteligência fluida”, parece aumentar durante a infância, estabilizar na maturidade e declinar na velhice. Ela corresponderia à nossa capacidade de raciocinar e resolver problemas instantaneamente. Ela parece ter um componente genético maior que o outro tipo, denominado “inteligência cristalizada”, a qual envolve qualificações e conhecimentos aprendidos e tende a crescer à medida que envelhecemos e ganhamos experiência. Mesmo que você nascesse com uma quantidade fixa de uma delas, isso significa que poderia se exercitar e fazer crescer a outra.

Essa "inteligência cristalizada" pode levar a pessoa a ficar presa a uma rotina, tornar-se cada vez menos disposta a correr riscos, mesmo que já o tenha feito quando mais jovem. Isso é especulação de minha parte, mas me pergunto se essa "inteligência fluida" inata é que permite que se assuma riscos na juventude e não na velhice, quando a "inteligência cristalizada" assume o comando.

Não confunda...		
Boa idéia		Bom produto
Boa idéia		Bom momento
Boa idéia		Bom negócio
Posso fazer		Devo fazer
Deve ser feito		É a coisa certa a ser feita
Atividade	**Com...**	Realização
Rejeição		Fracasso
Obter financiamento		Um negócio real
Sorte		Conhecimento
Bons amigos		Clientes de verdade
Grande idéia		Grande necessidade por sua idéia

Mesmo que os genes tenham um papel importante em nossas habilidades cognitivas, o sucesso na escola não necessariamente faz prever sucesso e construção de riqueza na vida real. Em minha experiência, os dons para resolver problemas se desenvolvem se você tiver problemas. Pessoas que conheço, que nasceram ricas e tiveram todas as oportunidades, muitas vezes não conseguem ver novas oportunidades e continuam cumprindo velhas rotinas. Acredite, se a pontuação de QI tivesse sido minha única herança genética, é possível que eu ainda estivesse passando todo o meu tempo com ratos de laboratório.

A combinação dos Cinco Grandes Traços que herdamos também tem seu papel em nossa capacidade para aplicar dotes analíticos à resolução de problemas. Se você tem certo nível de "tendência à neurose" e é propenso a depressões, pode ser mais difícil você se livrar de suas emoções o suficiente para entender os fatos. E a "consciência" diz respeito à nossa habilidade para planejar e organizar nosso comportamento para perseguir e atingir uma meta.

Caso você tenha uma boa dose de "consciência", está naturalmente programado para continuar estudando um problema até resolvê-lo.

A capacidade para aplicar análises criteriosas à resolução de problemas é um talento valioso para qualquer empreendedor. E também que nossos genes podem afetar nossa inclinação natural para fazer isso. Mas qualquer talento para a resolução de problemas que possamos ter é inútil, a menos que seja testado repetidamente para se melhorado. Como diz o ditado: "Aquilo que você não usa, você perde".

Promotor de sucesso: o gene "POHEC"

Quanto maior sua prática para resolver problemas, mais experiência você adquire. Se você tem inclinação analítica natural, já tem uma vantagem. Caso contrário, precisará encontrar maneiras para suplementar sua intuição natural.

Conhece-te a ti mesmo

Compreender a combinação única de ativos que você possui – sua combinação particular de "genes de sucesso" – é a mais importante de todas as habilidades analíticas. Essa análise lhe mostra do que você dispõe e o que lhe falta.

Reveja sua posição em termos de cada um dos Cinco Grandes Traços da Personalidade. Pense a respeito de que cada um deles significa para sua capacidade para melhorar suas capacidades ou as da sua empresa, independentemente de sua pontuação. Pense também em quais distâncias em traços de personalidade você precisa diminuir fazendo parcerias com outras pessoas. Mesmo que não seja naturalmente analítico, você precisa analisar o suficiente para saber o que não sabe ou domina.

Proteja-se de você mesmo

Nenhuma pesquisa do mundo irá ajudar se você agir contra você próprio. Al Neuharth recorda a compra da CBS escorregando por seus dedos porque ele não havia compreendido bem certos aspectos do acordo: "Quando eu era presidente do conselho e CEO da Ganett, a CBS estava com problemas. Isso aconteceu quando ela era dirigida por Tom Wyman e Ted Turner fez uma oferta hostil pela empresa. A CBS não queria ser adquirida, mas eles estavam em busca de alguém que fosse um sócio melhor do que Ted Turner. Achei que havia uma oportunidade para a Gannett, que era um pouco menor, de adquiri-la. Passamos vários meses preparando o terreno. Quando Tom Wyman e eu estávamos prontos para convocar nossos conselhos em conjunto e pedir que aprovassem o acordo, meu ego entrou em ação. Diante dos principais executivos da CBS e da Gannett, cometi o erro de dizer que eu iria dirigir a empresa resultante da fusão. Wyman e eu havíamos concordado que seria assim; eu seria presidente do conselho e CEO, ele seria presidente e diretor de operações. Cometi o erro de não deixar que ele comunicasse isso. Quando eu contei a seus diretores que iria dirigir a empresa, ele se deu conta do tamanho do choque. Ele recuou e a CBS conseguiu levantar dinheiro para tentar escapar de Ted Turner".

Al Neuharth reconhece que aquele foi seu erro. "Meu ego acabou com o acordo. Eu ainda era relativamente jovem; tinha só pouco mais de 50 anos. Achei que era mais importante que todos e que também o dirigente da grande CBS deveria reconhecer não só que eu tinha um ego maior, mas também era melhor do que ele. Tudo teria dado certo se eu tivesse deixado que ele chegasse a essa conclusão sem que eu tentasse lhe enfiar algo indesejado goela abaixo."

Use a análise para manter o foco

Uma metodologia formal para a resolução de problemas, como o POHEC, pode ajudar a evitar que você seja desviado por pensamentos negativos. A aplicação de uma análise lógica e rigorosa pode ajudá-lo a se manter focado a ir em frente e naquilo que você pode fazer a respeito de determinado problema, em vez de se perder em culpas e pesadelos. Isso pode ser especialmente útil se você acha que tem alto nível em "tendência à neurose".

Reexamine seus dados constantemente

Em ciência, você revê constantemente seus dados para se certificar de que eles estão corretamente avaliados. Você recapitula. E também avalia os novos dados disponíveis. Se você se "cegar", não conseguirá reagir a estímulos internos e ser flexível. As empresas e os mercados não são estáticos. Você precisa ser inteligente o suficiente para analisar quais serão as tendências do mercado em dois ou mais anos e como preparar sua empresa para tirar proveito delas. Reconheça as distâncias entre aquilo que você previu e o que está de fato acontecendo.

Exercício

Quando você está sob muito estresse, o cérebro libera cortisol, uma substância que afeta funções cognitivas, como a memória. Níveis cronicamente altos de cortisol podem provocar mudanças permanentes no cérebro. As células nervosas encolhem. A produção de novas células é interrompida, tornando ainda mais difícil para o cérebro lidar no futuro com os fluxos de cortisol induzidos pelo estresse. O exercício parece ajudar a controlar os níveis de cortisol, além de levar oxigênio para o cérebro. Se você quiser pensar melhor, saia e movimente-se.

Se você é um empreendedor nato, os desafios operacionais são mais fáceis de enfrentar. Por quê? Porque todas as outras qualidades de empreendedores natos ajudam você a superá-los ou delegá-los. Caso você não seja bem dotado em termos operacionais – e muitos empreendedores não são –, mas possui a capacidade de reconhecer esse fato e fazer o que for necessário para encurtar as distâncias e se concentrar naquilo que está geneticamente preparado para fazer, aí sim você estará pensando como um empreendedor.

CAPÍTULO 9

O desafio dos pontos de inflexão: como tomar decisões melhores

Não estou certo de que exista "planejamento de carreira" para empreendedores. Pode ser que, em grandes corporações, você possa planejar uma rota até o topo – a menos, é claro, que a empresa passe por um processo de fusão e seu pequeno "plano de carreira" seja coberto por pessoas da outra empresa. Hoje em dia, mesmo em corporações, os planos de carreira são menos definidos. E o espírito empreendedor tem menos a ver com seguir uma carreira do que com tentar criar um mapa em território desconhecido. Empreendedores estão abertos a movimentos de carreira tortuosos, ditados por oportunidades – as que aparecem, assim como as que são criadas por eles mesmos.

"Eu não tenho uma visão para minha vida"

Se você sabia o que queria ser desde os nove anos, parabéns por fazer parte de uma seleta minoria. Para a maioria das pessoas, ter uma visão de futuro não é tão simples. Mas mesmo que você não tenha uma visão abrangente para sua vida, a combinação única de traços de personalidade que poderá vir a ajudá-lo a ter sucesso já faz parte de você, como o DNA em cada célula.

Desenvolver uma visão de futuro pode significar focalizar uma visão por vez, em vez de conhecer o resultado que eles irão produzir a longo prazo.

Neste mundo em rápida mudança, você pode até se sair melhor com a visão evolucionária – em especial se possui alto grau de "abertura a experiências". Ser atraído para novidades e estímulos sem uma visão para orientar seus desejos pode causar dispersão e falta de foco. O segredo para liberar o poder da "abertura" é canalizá-la em vez de permitir que ela leve você de um projeto inacabado para outro.

Há uma teoria de evolução denominada equilíbrio interrompido. Ela diz que a evolução não ocorre gradualmente, mas em explosões dramáticas. Pode haver longos períodos de pequenas mudanças incrementais, mas a criação de uma nova espécie acontece com relativa rapidez. É como abrir a tampa de um frasco que está emperrada. Você gira e gira enquanto a tampa se move devagar. Então, de repente, rompe-se o selo de vácuo e o frasco está aberto. Alguma coisa muda gradualmente, assumindo uma forma muito diferente.

Acho que as carreiras de empreendedores ocorrem de forma semelhante. Há na vida de cada um pontos-chaves que podem causar mudanças drásticas, ou mesmo criar novas carreiras. Nesses momentos, ou nós reconhecemos a oportunidade e vamos atrás dela, ou não. Gerar mudanças na própria carreira, iniciar uma empresa, lançar um produto – cada um desses atos tem potencial para mudar tudo que virá depois, assim como o equilíbrio interrompido tem a capacidade de criar uma espécie inteiramente nova e mudar toda a vida que o sucede.

Essas decisões e oportunidades constituem aquilo que chamo de "pontos de inflexão". Eles criam o próximo quadro que você compõe para si mesmo, o quadro que guia a evolução da sua carreira ou empresa. Eles podem ajudar a criar o vício pelo sucesso que vimos no capítulo. Lançar minha agência foi outro ponto de inflexão. Vender minha agência e me tornar um *intrapreneur* (empreendedor interno) dentro de uma grande corporação foi outro.

De certa forma, uma carreira é simplesmente uma série de decisões, algumas mais críticas do que outras. Decisões bem sucedidas em pontos de inflexão exigem não só nossos talentos e experiências, mas também todas as habilidades genéticas que possuímos. Precisamos nos certificar de que nossas decisões nesses pontos de inflexão se alinham com nossos genes, nossa experiência e o quadro que pintamos de nós mesmos. Os promotores de sucesso podem nos ajudar a acionar nossas habilidades genéticas nos pontos de inflexão.

Pode-se dizer que uma decisão bem sucedida em um ponto de inflexão se resume em aplicar os hábitos promotores de sucesso para descobrir que curso é adequado à própria composição genética. Esse é o curso que dá melhores chances de sucesso. E os pontos de inflexão tratam do sucesso que vem depois deles. Eles podem facilmente conferir sucesso ou impedi-lo. Como reconhecer os pontos de inflexão antes deles passarem por nós? Como lidar com eles quando ocorrem?

Para reconhecer os pontos de inflexão

Os pontos de inflexão não envolvem apenas a pintura de um novo quadro. Às vezes, o novo quadro tem um estilo ou cenário inteiramente diferente.

Você pode reconhecer um ponto de inflexão por três aspectos: (1) o grau de mudança que ele envolve; (2) o nível de desconforto que cria; e (3) a consistência entre os insumos externos e internos a respeito da decisão.

Até que ponto o novo quadro que você está "pintando" difere daquele em que está agora? Você estaria deixando uma tranqüila paisagem e entrando em estilo abstrato e anguloso? Mudar de carreira e entrar em um campo completamente novo – por exemplo, ir da tecnologia da informação para uma loja de jardinagem – pode ser igualmente drástico.

Quanto maior a mudança, maior a diferença entre o novo quadro e o quadro existente. E mais crítico é certificar-se de que ambos possuem alguns elementos em comum. No caso de uma pintura, o artista pode usar as mesmas cores ou pintar o mesmo assunto. No caso de uma carreira, ele pode envolver qualificações ou personalidade. Para mim, alguns elementos comuns na passagem de biólogo molecular para vendedor de medicamentos foram meus conhecimentos de biologia celular e bioquímica, seus fundamentos de terapia médica ou farmacêutica e minhas habilidades com pessoas. Felizmente, elas já estavam em minha composição genética (embora não fossem muito úteis em meus relacionamentos com ratos de laboratório!). Um ponto de inflexão é fácil de identificar se você pensar a respeito de como a situação será diferente depois que você permitir que ele ocorra.

A segunda maneira de reconhecer um ponto de inflexão é pensar a respeito da facilidade com que você irá lidar com essa mudança. Até que ponto você irá se sentir à vontade no novo quadro? Como ele se encaixa na sua composição genética? Em que medida ele tira você da sua zona de conforto?

No meu caso, eu precisei de uma nova "cor" na palheta quando passei de representante de vendas para executivo de marketing: melhor compreensão de finanças. Qualquer ponto de inflexão provavelmente envolve algum desconforto, pelo menos inicialmente. Se não envolver, não é um período de expansão da carreira. A melhor maneira de tornar mais fácil a transição é procurar antever ao máximo o novo quadro. Quanto mais você tiver se pintado no novo quadro antes de agir sobre o ponto de inflexão, menos surpresas terá, podendo agir mais à vontade. Mais uma vez, trata-se de alinhar aquele quadro com uma análise crítica (POHEC) da oportunidade que está à sua frente – quais são suas vantagens e quais podem ser as desvantagens.

Finalmente, se os dados externos casarem com seus desejos interiores, é sinal de que você pode estar diante de um ponto de inflexão. Quando meu orientador sugeriu que eu pensasse a respeito de lidar com o público em vez de matar ratos, aquela foi uma mudança mental que me causou algum desconforto. Mas alguns dias depois, todos os elementos começaram a se ajustar.

Perguntas que ajudam a identificar pontos de inflexão
▪ Até que ponto a mudança é drástica? ▪ Quanto desconforto a mudança cria? ▪ Sua análise e sua reação instintiva estão alinhadas com os dados externos?

O alinhamento gene/crescimento

Um pouco de desconforto não é ruim. Ele pode nos ajudar a evoluir e crescer. O esforço para se colocar em um novo ambiente pode acionar as próprias habilidades inatas. Há um bom exemplo disso na natureza. Existem peixes cujos genes provocam mudanças na própria aparência e comportamento, dependendo do meio ambiente em que eles estão. Quando os peixes são levados de um ambiente em que são submissos para outro em que são dominantes – quando se tornam peixes grandes em um lago pequeno – a mudança começa imediatamente a afetar suas mensagens genéticas. Eles começam a exibir cores mais vivas e tornam-se sexualmente mais ativos.

É como se os genes dos peixes estivessem oscilando entre dois códigos genéticos: o código do "peixe fracote" e o código do "peixe vencedor". Todas essas mudanças provenientes de uma alteração nas instruções genéticas ativam determinados genes e só acontecem depois que os peixes passam a ser dominantes.

Você se lembra de minha história a respeito de enfrentar concorrência imediatamente depois de iniciar a Harrison & Star? Aquela nova agência, movida a talento, alterou o ambiente dentro do qual eu estava operando. O desafio ativou meu "gene de visitas sem hora marcada". Tornei-me ultra-agressivo na tentativa de conseguir reuniões com clientes em potencial para que pudéssemos neutralizar aquela agência mais nova. Fico feliz em dizer que tive sucesso.

Penso que o mesmo acontece com seres humanos. O fato de nos colocarmos em um novo quadro pode provocar o uso e o desenvolvimento de nossas capacidades genéticas. Ao contrário dos peixes, como seres humanos temos a vantagem de poder escolher nossos ambientes, para "ativar" determinados aspectos de nossa composição genética pintando para nós um quadro novo e desafiador. É o que acontece nos pontos de inflexão. Se somos inteligentes, escolhemos os ambientes que ativam nossos genes inatos de "peixes vencedores".

Há uma regra prática que você precisa lembrar em um ponto de inflexão. Eu a chamo de "alinhamento gene/crescimento". Quanto maior a mudança, mais de perto ela precisa refletir sua composição genética. Mudanças produzem desconforto e crescimento. Você precisa compreender o que possui que pode ajudar você a enfrentar o desafio. Caso o novo quadro não "ative" a combinação certa de seus traços genéticos de personalidade e nem ajude você a expressar seu DNA psíquico para lidar com aquele desconforto, é pouco provável que ele produza mudanças drásticas ou sucesso duradouro – se houver algum sucesso.

Você pode se adaptar? É provável: desde que sua espinha dorsal genética seja consistente com as mudanças. Você pode aprender? É claro. Pode ter sucesso? Talvez. Se você não usar um ponto de inflexão para se colocar em determinada situação que esteja alinhada com as qualidades que você recebeu de seus genes, você enfrentará uma batalha desfavorável. As mudanças devem se alinhar naturalmente com quem você é e com quem pode e quer se tornar.

O que é informação "essencial para você"?

Em um ponto de inflexão, é importante compreender a diferença entre "dados essenciais" e dados "essenciais para você". Você necessita de ambos. Dados "essenciais para você" são aqueles que o deixam mais à vontade com uma decisão. Os dados "essenciais para você" também podem ser dados essenciais, mas, às vezes, não são. Pode ser a opinião de outra pessoa, uma estratégia com cenário ruim. Eles podem não ser relevantes para outra pessoa, mas são absolutamente necessários para você viver com sua opção. A opinião de minha esposa Pam a respeito de eu iniciar minha agência era um dado "essencial para mim". Sem ela, eu não teria me sentido à vontade para tomar aquela decisão.

Dados "essenciais para você" podem ser tão importantes para você quanto todas as outras informações combinadas. E aquilo que constitui os dados "essenciais para você" será provavelmente influenciado pela sua personalidade genética.

Se você é um "guerreiro preocupado", poderá constatar que tende a querer mais dados "essenciais para você" do que outras pessoas.

Nesse caso, estabeleça um limite arbitrário para o tempo que irá passar analisando-os. Os pontos de inflexão não duram para sempre. Novos mercados não permanecem muito tempo sem serem atendidos.

Como pintar sua visão com pontos de inflexão

Em vez de se preocupar com um grande plano de vida, escolha uma visão que funcione para você agora. Concentre-se em pintar um quadro ligado à sua resposta para a primeira pergunta: "por que você quer aquilo que diz querer". E dedique-se a realizar essa visão de curto prazo, sempre sabendo que uma nova versão dessa visão – ou mesmo uma visão diferente – irá emergir a partir da busca dessa visão.

Se ela realmente estiver ligada ao "por que" de você querer aquilo que diz querer, ela irá empurrá-lo na mesma direção que sua personalidade o conduz naturalmente. Mais importante: ela ajudará a cristalizar sua visão a prazo mais longo.

Não evite os pontos de inflexão, procure-os
Os pontos de inflexão estão onde estão as oportunidades. Quanto mais você cuidar deles, mais eles o ajudarão a treinar seus instintos para a tomada de decisões e mais deixarão você mais à vontade com o desconforto. Pesquisas de imagens cerebrais mostram que as experiências novas causam mais atividade cerebral do que as experiências conhecidas. As coisas que nos surpreendem têm um impacto mais profundo que as conhecidas. Elas estimulam nossos genes a lançar novas conexões em nossos cérebros.

Há várias razões pelas quais uma visão criada por pontos de inflexão funciona tão bem quanto qualquer visão formulada precocemente e orientada para toda a vida.

Ela se presta à sua evolução. Manter-se aberto a experiências – quer elas venham ou não – ajuda você a evoluir. Você poderá sentir-se atraído para coisas que ainda não produziram o vício pelo sucesso, mas que usam seus traços de personalidade de uma nova maneira. Se você estiver aprendendo novas habilidades e assumindo novos desafios, estará crescendo constantemente para além da sua visão existente e para dentro de uma nova visão. Visões sucessivas se transformam em elementos construtivos evolucionários.

As indústrias mudam. Se sua visão na virada do século XX era se tornar o maior fabricante de chicotes para carroças do país, você perdeu a sorte quando a indústria desapareceu. Muitas pessoas na IBM tiveram que ajustar suas visões de carreira à medida que a empresa evoluiu de fabricante de hardware para uma empresa focada em serviços. Uma série de visões de curto prazo permite maior flexibilidade a longo prazo, ao mesmo tempo em que oferece uma moldura para fixar prioridades e metas.

Uma visão evolucionária ajuda-o a evitar "divagações". Dedicar-se realmente à sua atual visão de curto prazo é a melhor maneira de se preparar para a oportunidade seguinte, a próxima visão. Atingir uma série de metas concretas na busca da sua visão imediata permite a você acumular experiência e reputação. Quanto melhores foram, maiores suas chances de identificar e ter sucesso com novas oportunidades que poderão ajudá-lo a dar forma à sua próxima visão.

Uma série de visões racionais de curto prazo alinhadas com quem você é e com aquilo que você diz querer pode ajudá-lo a evitar "divagações". Quando você está focado num horizonte de 30 anos em vez de cinco ou dez, qualquer visão pode parecer devastadora, exceto para os mais fortes. Se eu tivesse decidido, em 1974, como representante da Pfizer, que iria ser o CEO da maior empresa de comunicações de marketing do mundo, acho que ficaria muito ansioso com os passos intermediários necessários para que eu chegasse lá. Quando isso acontece é fácil esquecer seu sonho, desistir dele ou postergá-lo enquanto você persegue "aquilo que é realmente importante". E com o passar do tempo, seu sonho flutua para longe.

Uma visão evolucionária composta por uma série de visões de curto prazo permanece presente e é mais real para você. Ela reage àquilo que está acontecendo agora, permanecendo ao mesmo tempo ligada àquilo que diz querer. Isso significa que podemos evoluir sem desaparecer. Uma visão evolucionária se baseia no uso de novas informações. A divagação se baseia em desatenção.

Se você é muito "aberto a experiências", isso pode ser muito importante. Pelo fato de ser muito receptivo a novas idéias e experiências, você poderá ser facilmente desviado pelas novidades de concluir aquilo que está fazendo. Ter uma seqüência de visões evolucionárias pode proporcionar foco e também as novidades de que você gosta.

Avalie em que ponto você está em sua carreira atual em termos do seu nível de satisfação. Se estiver totalmente insatisfeito, você precisará efetuar mudanças para alinhar aquilo que faz com aquilo que você diz quer.

Treine seus instintos
Teste seus instintos em decisões pequenas e de baixo risco. Isso pode ajudar a refiná-los como ferramentas para tomada de decisões. Isso é especialmente importante caso seu estoque genético mostre que você tem baixo nível de "extroversão". Fazer apostas baixas eleva a confiança que você precisará. Depois, quando surgir um verdadeiro ponto de inflexão.

À medida que evolui, não permita que os outros mudem seu comportamento, porque isso irá contra sua constituição de DNA. Você é quem você é. Se você é geneticamente contido, não permita que os outros, por exemplo um chefe, tentem transformá-lo em um líder maníaco. Se você tentar agradar, irá perceber a desconexão entre seu personagem exterior e quem você é em termos genéticos. Seja você mesmo. Qual é sua visão evolucionária para si mesmo?

Como usar promotores de sucessos como pontos de inflexão

Use suas forças para a coleta e o processamento de informações. Por exemplo: se você é baixo em capacidade analítica, mas altamente extrovertido, use sua extroversão natural para colher perspectivas de outras pessoas.

Use o gene da "pintura de quadros" para avaliar o impacto da sua decisão. Tenha em mente que um ponto de inflexão envolve algum desconforto, independentemente de você dizer sim ou não a uma oportunidade. É certo que uma decisão positiva irá criar algum desconforto e causar muitas mudanças; em geral isso é óbvio. E uma decisão negativa poderá deixá-lo na sua zona de conforto a curto prazo. Porém, ela não poderá produzir nenhum ganho a longo prazo. Se você é um empreendedor nato e fatores externos consistentes continuam tentando empurrá-lo para uma nova direção e você não fizer nada a respeito, você irá se perguntar constantemente: "E se eu tivesse feito aquilo?". Haverá mais questionamentos e mais desconforto a longo prazo. Você quer passar sua vida olhando para trás e dizendo "eu poderia ter feito aquilo?".

Pense a respeito dessa pergunta: se você fosse o mais longe possível pelo atual caminho, se tivesse tido todo o sucesso possível, qual seria o resultado? Ele faria você feliz? Qualquer que seja a escolha que fizer em um ponto de inflexão, você provavelmente irá enfrentar algum desconforto. E lembre-se: nunca é tarde demais para fazer mudanças, desde que ela se alinhe com seus genes e você não repita um comportamento que mantém seu *status quo*.

Trabalhei certa vez com um vendedor que era incrivelmente bem sucedido. Ele havia sido desnecessariamente impaciente por algum tempo e queria uma mudança. Ele tomou a primeira "oportunidade" que surgiu sem realmente pensar bem nela. Infelizmente, ela não estava alinhada com quem ele realmente era. Ele cometeu um erro terrível e nunca se recuperou. Um erro levou a outro. Hoje ele é menos feliz e está em um emprego menos influente em outra empresa.

Use o gene "ver atrás da esquina" para ajudá-lo a avaliar o escopo da mudança que provavelmente irá acontecer depois de uma decisão (pontos de inflexão com freqüência significam mudanças drásticas e rápidas). Pratique antever vários anos à frente para tentar perceber como determinado mercado está evoluindo, quais serão os prováveis pontos de inflexão e do que seus clientes e sua empresa irão necessitar. Desenvolva um plano de marketing pessoal que lhe permita incorporar o ponto de inflexão e tirar proveito de todos os fatores positivos em torno da mudança, todas as forças a ela associadas. Veja seu quadro daqui a vários anos.

Use o gene "visitas sem hora marcada" para ajudá-lo a pensar a respeito da sua "reação imune" a mudanças, quer seu "produto" seja mesmo um produto, uma idéia ou você mesmo. Que forças de resistência podem levar ao abandono de um ponto de inflexão, e como elas podem ser vencidas? O que você pode fazer antecipadamente para evitar a resistência às rápidas mudanças criadas por um ponto de inflexão? O que pode fazer para aumentar sua compreensão de como reage a mudanças e como poderá superar a inércia em potencial?

Ensaie o reverso. Use o gene "POHEC" para rever as origens da sua decisão e não apenas seu resultado. Isso poderá ajudar a acionar os sinais prévios de alerta de inércia ou desastre; também poderá lhe mostrar as coisas que poderão promover sucesso na próxima vez. Porém, quando precisar olhar pelo retrovisor, não focalize nenhum erro que você possa ter cometido, mas sim o que eles podem contar para ajudá-lo a enfrentar o próximo ponto de inflexão. Pergunte a si mesmo: "Estou ou não no lugar para onde o quadro que pintei me trouxe?". Caso não esteja, tente descobrir quais são as diferenças entre a realidade e o quadro que você tinha em mente sobre onde estaria. O que é preciso fazer para fazer seu quadro realidade, a partir do ponto onde você se encontra?

Use o gene do "foco adiante" para manter você vivendo no quadro que pintou para si mesmo, principalmente quando surgirem obstáculos. Você repintaria o quadro? Somente se estiver de fato pintando um novo quadro que ainda se alinha com sua composição genética? Caso não esteja satisfeito com a realidade porque não corresponde ao que você queria e você decide mudar o quadro, você estará criando uma tensão entre esse quadro e a maneira pela qual se vê com base no seu conhecimento da sua composição genética. É melhor se manter evoluindo em sua realidade, como ela é hoje, permanecendo focado adiante e concentrando-se naquilo que irá colocá-lo efetivamente no quadro. Dessa maneira você sempre estará trabalhando no sentido de algo de positivo, inclusive o momento em que encontrar um novo quadro que você não pode esperar para pintar para si mesmo. Os empreendedores são insaciáveis. Uma vez que estejam vivendo dentro do seu quadro, eles compreendem que ainda podem crescer. E pintam outro e mais outro quadro do seu próprio sucesso.

Em cada ponto de inflexão, não se esqueça de comemorar o sucesso. Nossos cérebros mudam fisicamente quando associamos sucesso a prazer. Para encorajar essas mudanças, precisamos nos certificar de que nos recompensamos quando uma decisão se mostra acertada. Esse prazer ajuda a manter nossos cérebros em busca de maneiras para criar novos sucessos – novos produtos, novos relacionamentos de negócios, processos mais eficazes. É o vício no sucesso produzido por se pensar como um empreendedor.

CAPÍTULO 10

O desafio de construir uma boa reputação

Entre as razões que me levaram a abrir minha própria agência, estavam o que meus clientes me diziam. Eu continuava a ouvir "gostamos realmente de tratar com você. Caso venha a decidir abrir sua própria agência de propaganda, quero continuar a trabalhar com você". Eles deixavam claro que não estavam falando apenas da qualidade do trabalho que eu fazia, embora também parecessem apreciá-la. As pessoas diziam repetidamente que era um prazer trabalhar comigo.

Aquelas conversas me fizeram perceber que ser alguém com quem as pessoas queriam trabalhar era algo que ia além da minha composição genética. Aquilo fazia parte do valor estratégico que levava para meus clientes. Acredito que ser aquilo que chamo de um "bom sujeito" faz parte da minha contribuição para minha empresa, meus clientes e, por extensão, para a maneira pela qual o mundo opera.

Os bons sujeitos chegam primeiro

Você pode ser um bom sujeito e também ser bem-sucedido nos negócios. De fato, se eu digo que você é um bom sujeito, você vencerá a longo prazo. Também pode haver benefícios imediatos. As empresas hoje estão em busca de líderes honestos, gentis, colaboradores que incorporem integridade. Se eu não tivesse criado valor estratégico para meus clientes, poderia ser o "melhor sujeito do mundo" – mas isso não significa que eles iriam querer que eu os representasse. É a combinação de valor estratégico com a qualidade de ser um "bom sujeito" que criou minha "marca".

Surpreende-me o fato de as pessoas pensarem em um "bom sujeito" como alguém em quem se pode pisar ou deixar de lado. Nada disso! Ser bom e ter coragem não são coisas mutuamente exclusivas. Ser bom pode ser um dos desafios mais difíceis que um líder tem de enfrentar.

Bom sujeito não significa ser um boboca. As pessoas podem tolerar e até gostar desse tipo, mas podem não querer fazer negócios com ele. Um bom sujeito é alguém em quem as pessoas confiam, que elas respeitam e de quem gostam. Ser um bom sujeito significa que você é fiel a si mesmo, a quem você realmente é em termos genéticos.

A propósito, mulheres também podem ser bons sujeitos, uso o termo masculino apenas para englobar a todos. Hoje as pessoas que estão nos negócios querem tratar com pessoas com quem gostam de estar e nas quais confiam. As empresas não têm margem para compensar problemas criados por pessoas sem integridade, que não são honestas e não criam valor.

Venho percebendo essa questão a cada conversa que tenho com líderes empresariais. Cada vez mais as pessoas selecionam seus parceiros de negócios com base no critério da integridade. Procuram escolher um sócio, um fornecedor, um funcionário ou um gerente com quem é mais fácil fazer negócios, mais agradável, mais produtivo, prazeroso: é uma maneira que as pessoas estão procurando para recuperar algum tipo de controle sobre suas vidas.

É também uma forma de reduzir o estresse poder trabalhar com pessoas de quem se gosta e em quem se confia. As pessoas passam horas demais no trabalho para tolerar colegas que não são confiáveis ou que tornam impossível suas vidas impossíveis.

Por que bons sujeitos chegam primeiro

- **Terceirização**. Os cargos que irão restar são de nível mais alto, que requerem cérebro humano, emoção humana, interação interpessoal e mãos na massa. São os mais difíceis de automatizar ou enviar para lugares distantes.

- **Globalização**. Quanto maior o sucesso de uma organização ou de um profissional, maior a probabilidade de ter de se operar globalmente. Isso significa preencher as inevitáveis diferenças culturais. Mais do que nunca, empreendedores, CEOs e gerentes precisam ser capazes de tratar as pessoas com respeito, dignidade e honestidade. E isso deve vir naturalmente, de uma parte do DNA. Os bons sujeitos têm mais sucesso globalmente porque a maneira pela qual tratam as pessoas se baseia em algo mais do que a simples etiqueta. As pessoas tendem a reconhecer os bons sujeitos e rejeitar os atores, os tiranos, os manipuladores e os oportunistas.
- **A necessidade de atrair talentos**. Pessoas não deixam empresas. Pessoas deixam chefes. Pessoas deixam pessoas falsas. Todos nós queremos trabalhar com pessoas que acrescentem algo às nossas vidas e não que transformem nossos dias num inferno. Uma empresa atrai talentos devido à sua liderança e ao que ela representa a respeito do que a empresa significa. Ser um bom sujeito aumenta a capacidade de sua empresa em atrair e reter talentos
- **Testes de governança**. As empresas estão começando a ser julgadas em função da maneira como operam com os investidores. Elas têm sua estrutura acionária analisada, assim como os direitos e as relações dos acionistas, a revelação de informações e a estrutura e os processos do conselho de administração. Chegouse a criar uma contagem "de governança" baseada nesses fatores. A pessoa que está no topo uma organização influi no fato de uma empresa ser ou não um bom sujeito corporativo.

E ser um bom sujeito é mais importante para um empreendedor do que para qualquer outra pessoa. A maior parte das qualidades – perseverança, crença em si mesmo e no próprio produto, visão, capacidade para identificar oportunidades – não constitui surpresa. Para melhor ou para pior, a pessoa no topo ajuda cada vez mais a criar a imagem da empresa. E isso vale para grandes empresas tanto quanto para pequenas.

Há um outro componente no bom sujeito: integridade. Integridade não significa o mesmo que ser honesto, embora faça parte. O dicionário define a palavra como "ser inteiro, unificado". Comportar-se com integridade significa seguir o que se prega, fazer com que os próprios atos se igualem às palavras, fazer o que diga o que se vai fazer. Integridade envolve ser honesto consigo mesmo e com os outros. Envolve olhar as pessoas nos olhos quando você fala com elas. Você não faz com que o conselho aprove um enorme aumento salarial para si mesmo e a seguir conta aos trabalhadores que eles serão dispensados porque os lucros são insuficientes. O mundo dos negócios está cheio de exemplos de pessoas com cargo de líder/CEO/presidente do conselho que prometeram demais e cumpriram de menos – e mais tarde foram apanhadas e demitidas. Ser um bom sujeito é contagioso. As pessoas gravitam em torno de você. Elas querem estar à sua volta.

Quando me tornei representante da Pfizer, os médicos de fato gostavam de conversar comigo e acreditavam no que eu lhes contava. Eles esperavam por minhas visitas. Já quando iniciei minha agência de propaganda, fiz promessas que tinha certeza que iria poder cumprir. Quando acontecia alguma coisa que mudava o que eu poderia cumprir – eu sempre comunicava o fato aos meus clientes. As pessoas querem honestidade nos negócios.

Quando você é honesto e tem a capacidade de casar essa honestidade com talento, valor, intelecto e a defesa de algo importante, você é um empreendedor.

Empresas, como as pessoas, têm seu próprio DNA. Se o DNA da empresa e o do líder não são complementares, um deles ou ambos irão fracassar, a menos que o líder seja substituído antes que a corporação sofra danos demais.

Genes do bom sujeito e cultura do "CEO servidor"

Ser um bom sujeito é genético? Como tudo na vida, a resposta não está clara, mas há evidências de que a genética ajuda.

Não importa o quanto você seja bom como líder, a cultura da sua empresa e as pessoas que a criam definem as decisões do dia-a-dia. Quando as coisas nas empresas e nas vidas pessoais dos funcionários mudam tão rapidamente como acontece hoje, as empresas não podem mais confiar no antigo modelo de liderança de "comando e controle". Mais e mais empresas estão procurando criar culturas daquilo que é chamado de "liderança transformacional". Esse tipo de liderança facilita a flexibilidade e a independência na resolução de problemas, a adaptação rápida e o incentivo às mudanças e o suporte para uma visão de longo prazo.

Pelo menos um estudo constatou que os estilos de liderança, em especial a liderança transformacional, tendem a ser altamente influenciados pela genética. Trabalhando com 247 pares de gêmeos, os pesquisadores constataram que quanto mais próxima a conexão genética entre indivíduos, mais semelhantes eram seus estilos de liderança. O estudo constatou que 59% da diferença entre uma pessoa ser ou não um líder transformacional pareciam estar ligada aos genes. A conexão genética para a liderança transacional (semelhante ao estilo "comando e controle") era mais baixa – pouco abaixo de 50%. Em outras palavras, é mais fácil aprender a se tornar um líder do tipo comando e controle do que um líder transformacional. Ou você é, ou não é.

Um estudo de dois anos antes também descobriu uma ligação semelhante entre liderança e os mesmos três traços. A "extroversão" era a conexão dominante entre liderança e personalidade, seguida de perto por "consciência" e "abertura". Outro estudo sugere que a afabilidade pode ser útil em conjunto com a "extroversão" para produzir um líder transformacional.

Reveja alguns adjetivos associados à "afabilidade" – confiável, sincero, modesto, cooperativo, de bom coração – e fica fácil ver a conexão. Uma alta pontuação em "afabilidade" significa alguém que atribui alto valor ao entendimento com os outros. Essa pessoa se preocupa com o bem-estar das outras, acredita que as pessoas são basicamente dignas de confiança e assim se comportam. Não me importa quem você é; você não pode comprar respeito, pelo menos a longo prazo. E o respeito pelos outros produz o respeito por si mesmo.

Mas a "extroversão" e a "afabilidade" combinadas formam um forte equilíbrio; elas são o segundo par de poder. Um pouco de "afabilidade" pode compensar o desejo que um "extrovertido" tem de dominar – uma conversa, uma reunião, uma transação – e impedir que, no processo, ele pise nos outros. E ter uma dose saudável de "extroversão" pode enrijecer a espinha, um fator crítico para um empreendedor. Sem isso, uma personalidade dominada pela "afabilidade" irá entregar freqüentemente o controle por necessidade de agradar aos outros e manter todos satisfeitos.

Ser um bom sujeito ajuda a pessoa a se tornar aquilo que chamo de "CEO servidor". Alguns dos CEOs mais eficazes que já conheci são pessoas que vêem tudo que fazem em termos de como isso capacita seus subordinados a executar suas funções.

Tornei-me um CEO servidor de minha própria agência, não só porque ajudava meus clientes a fazer melhor seu trabalho, mas também porque ajudava todos os que trabalhavam para mim a entender o que significava "servir" ao cliente. Isso significava melhorar a capacidade deles de fazer seu trabalho enquanto fazíamos o nosso – dando-lhes assistência na venda das suas marcas.

Estudo de caso sobre ser um bom sujeito

Quando deixei a Pfizer, trabalhei com um sujeito chamado Rolf Rosenthal, provavelmente o mais agradável líder de agência que jamais existiu na indústria de serviços de saúde. Todos o respeitam, não só por ser tão bom naquilo que faz, mas por sua consistente gentileza com todos. Certa ocasião, a agência perdeu o maior cliente da sua carteira. Estávamos todos esperando para saber quem seria demitido para que a agência continuasse lucrativa. No dia seguinte ao da perda, Rolf convocou todo o pessoal, não para dar más notícias, mas para contar que ninguém seria demitido. "Vamos nos esforçar e conseguir mais negócios para repor as perdas", disse ele. "Essa perda não é por culpa de ninguém." A agência ficou emocionalmente mais forte, conseguiu mais negócios e tornou-se um exemplo para as outras. Rolf é um grande líder e um dos bons sujeitos da indústria.

Ego grande, ego ruim: existem diferenças?

Um dos desafios para qualquer empreendedor é equilibrar autoconfiança com ser um bom sujeito. É possível ser um bom sujeito e ter a espécie de ego exigida para assumir enormes desafios empreendedores com sucesso?

Algumas pessoas parecem ter esse equilíbrio em seus genes. Acho que ele provém do par de poder extroversão/afabilidade. Minha esposa costuma dizer que tenho um ego enorme; contudo, como já disse, ser um bom sujeito faz parte daquilo que meus clientes sempre valorizaram em mim. Egos grandes e egos ruins são coisas diferentes. Seu ego tem de ser grande o suficiente para reconhecer que ser um bom sujeito não compromete a sua capacidade para controlar os resultados.

Releia a frase; ela é importante. Se você é inteligente, reconhece que o controle provém do trabalho executado e que é muito mais fácil fazer isso se você puder recrutar outros para sua causa. O que é preciso não é tanto um grande ego, mas sim um ego inteligente. Conheço pessoas que têm egos enormes, que nunca podem estar erradas. Elas podem nunca fazer nada para prejudicar outra pessoa, mas ao mesmo tempo podem exercer pressão indevida sobre pessoas simplesmente porque têm esse poder. Elas podem estar tão envolvidas consigo mesmas que literalmente não ouvem aquilo que os outros dizem. E os egos ruins parecem emergir precisamente no momento em que podem causar o máximo de danos.

Estou dizendo que ser um bom sujeito é difícil. É quando as coisas ficam complicadas que ser um bom sujeito torna você extraordinário, fazendo com que se destaque.

Temos passado por uma série de escândalos corporativos muito visíveis, nos quais egos parecem ter substituído a integridade. Nesses casos, não há o desejo empreendedor de buscar o maior e melhor. Querer mais significava basicamente querer "mais para mim", não mais para o bem da corporação e de seu pessoal. Por que líderes – empreendedores ou *intrapreneurs* – querem mais em detrimento dos outros? Creio que isso remeta a alguma coisa em sua composição genética. É uma espécie de desalinhamento inato que permite que o líder torça os fatos e minta quando sabe de algo desonesto. É como se uma espécie de loucura genética permitisse que seu ego, seu eu interior, o convencesse de que você, na verdade, não está fazendo nada de mau, ou que você está acima da dor ou do sofrimento alheio.

Isso acontece quando o ego da pessoa ficou tão grande, tão desequilibrado, que ela sente que é a corporação – e não apenas o líder de uma organização que reúne pessoas.

Selecione sua marca de genes

Ser um bom sujeito faz parte da marca pessoal – o conceito de "construa sua marca". Mas como ocorre com todos os tipos de marcas, a marca pessoal precisa estar conectada com a realidade. Seus genes é que ajudam a moldar sua marca pessoal.

E sua marca pessoal – sua reputação – é um ativo de capital e deve ser tratada como tal. Se você investe em equipamentos, precisa cuidar de sua marca e mantê-la. Sua marca é como seu equipamento pessoal. Você precisa melhorá-la com freqüência, baseado não só no que precisa que ela faça agora, mas também naquilo que irá precisar que ela faça nos próximos três a cinco anos. Ela é parte do que você tem a oferecer.

Nos primeiros dias da Harrison & Star, havia um executivo de uma empresa de serviços de saúde para o qual devo ter ligado pelo menos 25 vezes sem um único retorno. Meses depois, finalmente falei com ele. "Quando você começou a ligar para mim, eu não sabia quem você era", disse ele. "Nem mesmo sabia em que negócio estava e o que estava tentando me vender. Mas nos últimos seis meses, ouvi tantas vezes seu nome associado à sua nova agência que tive que ligar. Por que não vem me fazer uma visita?". Acabamos ficando bons amigos.

Marcadores para o gene bom sujeito

- Você entende que "bom sujeito" não é a mesma coisa que "pessoa fraca"
- Você atrai talentos devido à sua reputação

- Seus atos são compatíveis com suas palavras – e vice-versa
- Você faz aquilo que diz que irá fazer
- Você respeita as pessoas o suficiente para ser honesto com elas
- Você respeita as pessoas o suficiente para ser cortês com consistência
- Você respeita a humanidade em cada pessoa
- Você respeita o equilíbrio entre trabalho e família
- Você sabe que ser um bom sujeito deve fazer parte do seu DNA
- Você está disposto a defender sua ética
- Você conhece sua marca pessoal e a cultiva para o longo prazo
- Você sabe que ser um bom sujeito nem sempre é fácil

Todas as marcas têm ciclos; você quer uma que seja efetiva a longo prazo. Por quê? Porque você molda sua marca e ela, por sua vez, molda sua carreira, seu sucesso a longo prazo. Você quer ser tão estratégico a respeito da evolução da sua marca pessoal quanto é com sua empresa. Ela precisa evoluir sem sacrificar aquilo que a tornou bem-sucedida.

Já posso ouvir os cínicos dizendo: "Mas, Tom, na briga do mundo lá fora cão come cão. Se eu for um bom sujeito, meus concorrentes me comerão vivo. É preciso ser agressivo". Competição significa que há mais pessoas lá fora competindo com você pela mesma coisa. Em um mercado de comprador, é mais fácil para um cliente encontrar outra pessoa igualmente capaz, igualmente experiente, igualmente conectada. A maioria das pessoas busca ativamente pessoas que não só sejam competentes naquilo que fazem, mas também tornem o dia um pouco mais agradável – ou pelo menos não o tornem pior. Estamos estressados com as coisas como elas estão; ninguém precisa gastar tempo, paciência e energia lidando com sobras de arrogância, egoísmo e cobiça.

Você precisa de outra razão para ser um bom sujeito? Um bom sujeito é mais ousado a respeito de assumir riscos. Se você sabe que sua marca pessoal é tão boa que qualquer um teria orgulho em ser a ela associado, isso lhe dá maior liberdade para assumir riscos e tomar decisões mais ousadas.

Você é como qualquer outra marca: você é uma experiência. A Harley-Davidson vende uma experiência, a Rolls-Royce é uma experiência, assim como Bill Gates, Bill Clinton também o são. Que experiência você quer que seus clientes tenham com você?

Lembre-se: quer sua personalidade geneticamente influenciada se assemelhe à de Madre Teresa ou à de Hitler, a integridade é um gene de sucesso que todos podem ter. Aquilo que vai, volta; e hoje volta mais rápido do que nunca. Ter uma reputação não é opcional. Você pode escolher apenas se se orgulha dela ou não. Integridade e ser um bom sujeito sempre foram boas idéias, mas hoje mais do que nunca. Elas constituem estratégias sólidas para conquistar – e manter – negócios. E o ajudam a construir uma reputação que funciona a longo prazo.

Apesar do dilúvio de maus comportamentos de executivos – ou talvez por causa dele – acredito que estamos vivendo ou nos aproximando rapidamente de uma era de integridade, de liderança que de fato se preocupa a respeito da empresa ser liderada e das pessoas cujas carreiras estão sendo orientadas. Uma era na qual o sucesso é medido a longo prazo e não trimestre a trimestre. Isso vale tanto para corporações quanto para pequenas empresas.

CAPÍTULO 11

Para decodificar o DNA do sucesso e liderar

Já fui homem de empresa, empreendedor, líder e executivo responsável pela avaliação de outros empreendedores. Em cada um desses papéis, cheguei à mesma conclusão: hoje o sucesso para um *intrapreneur* (empreendedor interno) requer quase o mesmo DNA exigido pelo sucesso para um empreendedor.

Quem você é – a combinação única de traços de personalidade que você coloca em ação em qualquer problema que enfrenta – torna-se mais importante do que qualquer coisa que já tenha feito. Esse é o pensamento empreendedor clássico.

Os empreendedores não estão muito preocupados a respeito de saber o que estão fazendo. Eles se concentram mais na sua capacidade hereditária de conseguir imaginar o que fazer diante do desconhecido. Isso significa que os líderes que puderem alimentar seu próprio espírito empreendedor provavelmente irão se sair melhor do que aqueles que estão simplesmente satisfeitos com o *status quo*. Algumas pessoas nunca ficarão felizes até que persigam sua própria oportunidade. Outras sentem-se mais à vontade com oportunidades dentro de um casulo corporativo.

Você é um empreendedor ou um *intrapreneur*?

Se você tem espírito empreendedor, em algum momento terá de enfrentar um importante ponto de inflexão: a decisão a respeito de ser um empreendedor ou um *intrapreneur*.

Alguns empreendedores podem iniciar suas carreiras em corporações, mas seu conforto com assumir riscos e a crença em si mesmo acabará por levá-los para fora do ninho. Sem essas duas coisas, até mesmo uma pessoa que tenta iniciar uma empresa irá passar de um empreendimento para outro ou trabalhar para os outros durante grande parte de sua carreira.

Para aqueles que chamo de "quase empreendedores", a idéia de poder controlar seu próprio destino é atraente. Eles podem pensar que têm um grande conceito. Podem até ter especulado sobre quanto seria necessário para lançar uma empresa. Mas a capacidade para conviver com riscos e incertezas parece ser a grande linha divisória. Esses "quase empreendedores" não parecem se sentir à vontade assumindo riscos, o que os impede de partir por conta própria. Isto simplesmente não faz parte da sua composição genética.

Uma vez empreendedor, sempre empreendedor, quer você opere independentemente ou dirija empreendimentos no contexto de uma corporação. Nenhum é melhor que o outro, mas você precisa saber o que você é. Se é um "quase empreendedor", você pode perder muito tempo pensando a respeito da direção que deve tomar.

Saber até que ponto você quer sonhar grande significa saber que tipo de vida você quer levar. Você quer estar constantemente ocupado? Quer chefiar muitas outras pessoas? Quer viajar pelo mundo? Quer tirar uma folga para velejar sempre que tiver vontade? Quem seria você como pessoa? Um bom orador? Alguém que entende um relatório financeiro? Quem sua visão do seu futuro exige que você seja? Como você irá passar seu tempo quando chegar lá? Faça algumas pesquisas para entender isto. Se você quer ser CEO de uma grande corporação, leia revistas e livros que falam a respeito de como os CEOs passam seus dias. Se quer iniciar uma empresa, converse com pessoas que o fizeram e leia a respeito de como é isso.

O DNA do líder *intrapreneur*

Talvez o maior diferenciador entre empreendedores e *intrapre-*

neurs seja o nível de conforto com correr riscos. Uma das motivações freqüentemente citadas pelos empreendedores para iniciar uma empresa é o desejo de "fazer as coisas à sua maneira".

Outra diferença entre a composição genética de um empreendedor e a de um líder corporativo é a maior responsabilidade do segundo para desenvolver as pessoas que trabalham para ele. Um empreendedor precisa se concentrar naquilo que faz melhor – pensar em maneiras para mover a empresa adiante. Gerenciar indivíduos é importante, mas à medida que a empresa cresce, esse contato pessoal é uma das tarefas que às vezes é delegada em parte a outras pessoas que podem fazer um trabalho igualmente bom (e em alguns casos, melhor). O gerenciamento de pessoal não é necessariamente o melhor uso do tempo e esforço de um empreendedor. Na verdade, em sua maioria os empreendedores podem ser bons em motivar ou desenvolver os talentos que para eles trabalham. Porém, numa corporação gerenciar indivíduos é freqüentemente a tarefa essencial.

Expresse seu sucesso como *intrapreneur*

Numa grande corporação você pode não ser capaz de afetar a cultura corporativa tanto quanto um empreendedor que dirige sua própria empresa. Mas isso não significa que você não tem a capacidade para causar um impacto naquela cultura. Acredito que, quanto mais empreendedora for a cultura na qual você trabalha, maior a probabilidade de sucesso – para você e para as pessoas que trabalham com você.

Como *intrapreneur*, você é uma parte crítica para o estabelecimento desse clima. De fato, um dos seus papéis chave como líder é prover um ambiente de trabalho que permita às pessoas estar em seu nível ótimo de desempenho.

Mesmo que você seja um empreendedor independente, há uma boa chance de precisar negociar com empreendedores, trabalhar ao lado de um antigo empreendedor ou concorrer contra pessoas que pensam como empreendedores. Hoje, muitas vezes as empresas consideram mais eficaz crescer adquirindo outras empresas. Cada vez mais as corporações supervisionam um agrupamento de esforços empreendedores, independentes mas integrados. As empresas estão descobrindo que é importante encorajar e preservar o espírito que fez da unidade adquirida um sucesso – e que isso exige que toda a empresa pense de forma mais empreendedora.

Pense como um CEO

Mesmo não sendo um CEO, você pode pensar como um fazendo das novas iniciativas estratégicas uma etapa séria para o progresso. Deixe claro a razão por que elas são importantes, mesmo que uma iniciativa individual fracasse. Se você quer que as pessoas compreendam o valor de um projeto, esteja preparado para alocar a ele os melhores talentos. E não puna as tentativas malsucedidas em projetos individuais; aprenda com elas.

Gerencie "para cima"

Ligar sua visão de *intrapreneur* à da empresa ou à visão e os valores do CEO é uma das maneiras mais rápidas para transmitir essa visão. Não é possível ser *intrapreneur* ou inovador numa estrutura corporativa agindo sozinho. Você precisa de uma rede de pessoas alinhadas.

Explore o horizonte

Isso é igualmente importante para *intrapreneurs* e empreendedores. Identifique tendências que terão impacto daqui a três, cinco ou dez anos. Trate as tarefas imediatas do seu grupo como se você estivesse pintando o quadro de si mesmo na sua visão evolucionária. Entenda claramente que você precisa dar cada passo do caminho para desenvolver seu quadro de sucesso como *intrapreneur* na sua organização.

Mantenha o foco adiante

Assim como um empreendedor, um *intrapreneur* irá enfrentar obstáculos ou terá projetos que não dão certo. Quando isso acontece, o fato de você ter capacidade de recuperação poderá impedir que um revés prejudique sua carreira. Neste caso, procure alguém que poderá dentro da corporação ajudá-lo nessa tarefa. Continue propondo idéias inovadoras e empreendedoras que farão com que sua organização cresça mais rapidamente. Eventualmente, desde que esteja alinhada com a visão de liderança do CEO, uma das suas idéias ganhará vida. Personalidades empreendedoras não podem ser detidas. Em certo ponto o indivíduo, a idéia, as circunstâncias, os recursos irão se alinhar para produzir sucesso.

Ajude os outros a expressar seus próprios genes de sucesso

Entender as forças e fraquezas inatas das pessoas que trabalham para você é decisivo. Já mencionei que traços de personalidade herdados tendem a permanecer estáveis com o passar do tempo. Isso significa que os líderes que não levam em conta esses traços quando tomam decisões de treinar, contratar e promover, e que mais tarde têm problemas com funcionários difíceis, também podem constatar que o problema é igualmente difícil de erradicar.

Existe razão para um líder pensar a respeito da personalidade inata de uma pessoa. O impacto dos genes tende a ser mais óbvio quando o ambiente é mais homogêneo. Quanto mais semelhantes são os antecedentes de uma população, seus níveis educacionais e sua posição social, mais claramente os genes se destacam como diferenciadores.

Na condição de líder você pode ajudar as pessoas a liberar seu DNA de sucesso oferecendo uma cultura de trabalho que as ajude a expressar seus genes de forma máxima e produtiva.

Contrate de dentro para fora

É mais fácil equipar a personalidade certa com as qualificações corretas e reformulá-la para se adequar a um determinado papel. Podemos alterar qualificações, mas não composições genéticas. Analise um cargo não só em termos do trabalho, mas também da personalidade que irá promover o sucesso no papel.

Use a diversidade para ajudar a empresa a evoluir

Acho que existem oportunidades enormes em marketing, especificamente para mulheres – oportunidades que ficarão ainda maiores no futuro. Uma das razões pelas quais vejo essas oportunidades é porque tenho a oportunidade de trabalhar com um grande número de mulheres incrivelmente talentosas. Diversidade de sexos, diversidade étnica e de faixas etárias – tudo isso provê novas perspectivas que podem ampliar seus horizontes. Acho que tendo a contratar mulheres para posições de liderança. Não é que eu exclua os homens. Também contrato muitos líderes homens.

Fazer um esforço ativo para aumentar a diversidade na sua equipe também é pensar como um empreendedor que precisa se certificar de que todas as necessidades estão cobertas e que todos os recursos são complementares.

O DNA humano não pode mudar, mas o DNA corporativo pode. À medida que a corporação evolui, seu DNA muda e sua liderança precisa mudar. Fases diferentes exigem diferentes capacidades estruturais e de liderança. Por exemplo, uma empresa recém-formada fica bem durante algum tempo sob o empreendedor original. Se ela tiver sucesso, acabará precisando de um tipo diferente de líder, com qualificações diferentes. Portanto, o CEO deve mudar para aceitar as necessidades de crescimento da corporação – e isso pode significar a mudança da pessoa que ocupa o papel. Não significa que o CEO original não é mais efetivo, mas apenas que ele pode não ser o melhor CEO possível naquele momento para aquela organização.

Acho que os CEOs precisam ser transferidos assim como fazemos com funcionários de outros níveis, casando suas qualidades inatas com as necessidades corporativas. Isso provê uma nova oportunidade de crescimento, não só para o CEO, mas também para a corporação.

Treine de dentro para fora

Quanto mais empreendedor for seu ambiente, mais os cargos tenderão a evoluir em torno das pessoas que os ocupam. Se você está tentando estimular um clima empreendedor, procure desenvolver as forças essenciais das pessoas e permita que essas forças ajudem a moldar os papéis delas em vez de tentar encaixá-las em descrições de cargos restritivas.

Ajude a marcar sucesso

Algumas empresas acreditam em testar sob pressão os novos funcionários. Não sei se essa é a melhor abordagem. Criar vitórias iniciais pode estabelecer um padrão de sucesso que pode ter impacto a longo prazo. Coloque os novos funcionários em situações que dêem às suas forças naturais a oportunidade de brilhar. Ajude-os a entender as forças que você sente neles e como tirar proveito delas. Em alguns casos, pode ser útil buscar traços ocultos – não para desqualificar as pessoas para determinadas funções, mas para ajudar a revelar aspectos valiosos das personalidades delas que você, como gerente, pode ajudar a liberar.

Lidere com exemplos

Sua organização acompanha seu foco. Se você demonstrar que valoriza evolução, assumir riscos e buscar oportunidades, a organização também o fará. Crie um clima que se concentre no aproveitamento de oportunidades.

Encoraje a expressão dos genes transmitindo informações

Os genes de sucesso das pessoas terão maior probabilidade de ser expressos se elas entenderem como suas habilidades podem ajudar a promover as metas da empresa. Mas para que elas pensem como empreendedores, o líder precisa ajudá-las a entender o que a empresa está tentando fazer e por quê.

É claro que há limites para o que se pode fazer. O ponto até em que você pode encorajar as pessoas depende, em parte, dos genes delas. Mas seu sucesso como líder dependerá em parte do quanto será capaz de revelar as habilidades inatas das pessoas e casá-las com oportunidades que lhes dêem chances de ter sucesso.

Doze regras para expressar o gene do "bom sujeito"

1. Não caminhe sobre as outras pessoas, mas também não permita que elas caminhem sobre você.
2. Respeite as grandes idéias de todos.
3. Aceite a responsabilidade pelos seus erros e sucessos.
4. Nunca fale de seus problemas.
5. Simplifique tudo.
6. Nunca pense em termos de "o que você fez para mim hoje?"
7. Mais é menos.
8. Faça o que diz de forma consistente.
9. Não minta: corrija aquilo que o faz pensar que precisa mentir.
10. Nunca se esqueça de agradecer, de se congratular ou de reconhecer as pessoas por seus esforços.
11. Mantenha sua porta e seu coração abertos.
12. Nunca seja injusto.

Palavras finais

O fato de você achar que não nasceu empreendedor não significa que não possa pensar como um. Não estou apresentando uma receita para o sucesso. O DNA humano, que todos nós compartilhamos, é composto por algo como 20 mil a 30 mil genes. A maneira pela qual eles são combinados e expressos produz variações quase ilimitadas. Isso torna cada um de nós único. Nenhuma fórmula pode prescrever um caminho para o sucesso para todos.

O que espero é que este livro ajude você a descobrir a sua fórmula para seu sucesso. Tente compreender a herança que recebeu, procure antever seu "quadro de sucesso" e crie seu plano para realizar esse quadro. Agindo dessa maneira você estará se preparando para alcançar o sucesso geneticamente adequado a você.

Fotografia do autor:
Chris Cassidy

Instinto foi impresso em
São Paulo/SP pela Quebecor World São Paulo Ltda.,
para a Larousse do Brasil, em maio de 2007.